Teoria e Prática

Encontros
Vítima-Ofensor

Série Da Reflexão à Ação

Lorraine Stutzman Amstutz

ENCONTROS VÍTIMA-OFENSOR

Reunindo vítimas e ofensores para dialogar

Tradução
Tônia Van Acker

Título original: *The Little Book of Victim Offender Conferencing*
Copyright © 2009 by Good Books, Intercourse, PA 17534

Grafia segundo o Acordo Ortográfico da Língua Portuguesa de 1990, que entrou em vigor no Brasil em 2009.

Coordenação editorial: Lia Diskin
Preparação de originais: Lidia La Marck
Revisão: Rejane Moura
Capa e Projeto gráfico: Vera Rosenthal
Arte final: Jonas Gonçalves
Produção e Diagramação: Tony Rodrigues

Dados Internacionais de Catalogação na Publicação (CIP)
(Câmara Brasileira do Livro, SP, Brasil)

Amstutz, Lorraine Stutzman
    Encontros vítima-ofensor: reunindo vítimas e ofensores para dialogar/ Lorraine Stutzman Amstutz; tradução Tônia Van Acker. – São Paulo: Palas Athena, 2019.

Título original: The little book of victim offender conferencing.

ISBN 978-85-60804-46-7

1. Criminosos – Reabilitação 2. Justiça restaurativa 3. Mediação e conciliação 4. Vítimas de crimes I. Acker, Tônia Van. II. Título.

19-30166   CDD-364.68

Índices para catálogo sistemático:
1. Justiça restaurativa: Justiça penal: Criminologia: Problemas sociais 364.68

1ª edição, outubro de 2019

Todos os direitos reservados e protegidos
pela Lei 9610 de 19 de fevereiro de 1998.

É proibida a reprodução total ou parcial, por quaisquer meios, sem a autorização prévia, por escrito, da Editora.

Direitos adquiridos para a língua portuguesa por Palas Athena Editora
Alameda Lorena, 355 – Jardim Paulista
01424-001– São Paulo, SP – Brasil
Fone (11) 3050-6188
www.palasathena.org.br
editora@palasathena.org.br

Conteúdo

Agradecimentos 7

Introdução 9

1. O QUE SÃO ENCONTROS VÍTIMA-OFENSOR (EVO) 13

2. RAZÕES PARA PARTICIPAR DE UM ENCONTRO
   VÍTIMA-OFENSOR 27

3. PASSOS NO PROCESSO DO ENCONTRO VÍTIMA-OFENSOR ... 33

4. QUESTÕES SENSÍVEIS NO PLANEJAMENTO DE UM
   PROGRAMA DE ENCONTROS VÍTIMA-OFENSOR 39

5. OS ENCONTROS VÍTIMA-OFENSOR EM CASOS
   DE CRIME VIOLENTO GRAVE 57

6. OS ENCONTROS VÍTIMA-OFENSOR NO CONTEXTO
   MAIS AMPLO DA JUSTIÇA RESTAURATIVA 67

7. BENEFÍCIOS E RISCOS DOS ENCONTROS VÍTIMA-OFENSOR ... 73

8. PONTOS CRÍTICOS DOS ENCONTROS VÍTIMA-OFENSOR 83

Conclusão 91

    Leituras selecionadas 93

    Notas 95

    Sobre a autora 101

AGRADECIMENTOS

Faço aqui um especial agradecimento a todos os que corajosamente entram em diálogo. Embora este trabalho seja muitas vezes doloroso, é também transformador. Sou grata ainda àqueles que, com paixão e compaixão, agem para atender às necessidades de vítimas e ofensores. Vocês são o que me inspira.

Agradeço a Jim e a nossos filhos, Solomon, Jordan e Leah, que continuam a me lembrar de que o importante é praticar aquilo que pregamos junto àqueles que mais amamos. Vocês me amam muito mais do que mereço em certas ocasiões.

Introdução

Há muito tempo atrás, meu filho de três anos veio correndo para dentro de casa com um vermelhão enorme bem abaixo do olho. "Kyle me chutou!", disse chorando.

Como mãe, minha primeira reação foi querer sair para procurar o menino que tinha machucado meu filho. Mas, em vez disso, peguei gelo e pus no olho de Jordan e fiquei com ele no colo até que parasse de chorar. Li um livrinho para ele e, por fim, Jordan desceu do meu colo e foi brincar. Depois de uns 15 minutos, veio me pedir para brincar lá fora. Dei permissão, mas ele olhou para mim e disse: "Não posso. Ele pode me machucar de novo".

Morávamos naquele bairro fazia pouco tempo; eu não sabia exatamente qual era a casa de Kyle, mas conhecia as redondezas. Saí com Jordan pela mão e disse a ele que iríamos conversar com Kyle sobre o que tinha acontecido. Expliquei que eu estaria com ele para que nada lhe acontecesse. Após bater na porta de duas casas, na terceira fui atendida por uma mulher jovem que reconheci ser a mãe de Kyle. Expliquei a ela que os meninos estavam brincando juntos e que Jordan, visivelmente machucado, tinha voltado para casa chorando. Perguntei se poderíamos conversar com Kyle sobre o ocorrido.

Kyle apareceu no alto do lance de escadas com cara de medo e nos viu na porta de entrada. Pedi a ele que me contasse o que tinha acontecido. Ele explicou que os dois estavam brincando de bandido e mocinho e que ele estava correndo atrás de Jordan quando Jordan caiu. Tentou agarrá-lo, o chutou, mas não queria machucá-lo. Então fugiu porque ficou com medo de levar bronca. A mãe de Kyle o repreendeu por não ter ajudado Jordan ao perceber que o amigo estava machucado. Também perguntou ao filho se não tinha algo a dizer.

Kyle olhou para Jordan e disse: "Seu olho deve estar doendo muito. Desculpa".

Fez-se silêncio e a mãe de Kyle acrescentou: "Tem mais alguma coisa que você gostaria de dizer?".

Novamente, o menino olhou para Jordan e disse: "Você ainda quer ser meu amigo?".

Meu filho olhou para mim, depois para Kyle: "Você vai me chutar de novo?".

"Não", respondeu Kyle.

Jordan então concordou em voltar às boas com o amigo.

Continuei conversando com a mãe de Kyle por alguns minutos, depois Jordan e eu voltamos para casa. Ao chegarmos, Jordan olhou para mim e disse que seu olho não estava mais doendo.

* * *

Meu filho já é adulto, mas essa história demonstra o poder dos encontros vítima-ofensor – não apenas nas situações que envolvem crimes, mas na vida diária. Os encontros vítima--ofensor são um processo dialógico que reúne a pessoa que prejudicou alguém e a que foi prejudicada num encontro onde podem ouvir a história um do outro e criar maneiras de reparar os danos.

SOBRE ESTE LIVRO

Esta obra oferece uma visão geral dos encontros vítima-ofensor, [em inglês, Victim Offender Conferencing – VOC] processo que está sendo utilizado em muitas comunidades para reunir vítimas e ofensores de um crime a fim de dialogarem. Esta é uma dentre muitas abordagens ou modelos dentro da estrutura geral da justiça restaurativa[1].

Este não é um livro do tipo "como fazer" encontros vítima-ofensor, mas uma revisão geral dos processos que foram desenvolvidos ao longo das últimas três décadas. Ele se concentra primordialmente na experiência norte-americana, embora muitas modalidades de encontros vítima-ofensor sejam utilizadas em outras partes do mundo.

A justiça restaurativa é um campo teórico e prático que remonta aos anos 1970. Contudo, algumas comunidades indígenas possuem uma longa história de utilização de processos de justiça restaurativa para lidar com o crime. O juiz Joseph Flies-Away, membro da Nação Hualapai, vê essa abordagem como uma volta aos costumes dos povos indígenas que se perderam com a colonização. Ele salienta que, quando um indivíduo hualapai comete um ato criminoso, os outros comentam que "ele age como se não tivesse parentes". Segundo esse juiz, "o propósito da lei é reintegrar a pessoa, curá-la. As pessoas fazem coisas horríveis quando não possuem vínculos com os outros. Os sistemas judiciais tribais são uma ferramenta para reconectar tais pessoas".[2]

> "O propósito da lei é reintegrar a pessoa, curá-la. As pessoas fazem coisas horríveis quando não possuem vínculos com os outros."

Em vários aspectos, abordagens como os encontros vítima-ofensor constituem o modo ocidental de implementar aquilo que muitas culturas indígenas ou tradicionais vêm praticando há gerações.

Os processos descritos neste livro foram desenvolvidos basicamente dentro do contexto do sistema jurídico ocidental a fim de suprir algumas de suas deficiências. Os encontros vítima-ofensor foram criados especificamente para responsabilizar os ofensores diante de quem sofreu o dano, e para dar às vítimas uma voz e a oportunidade de ter suas necessidades atendidas. Esses encontros partem do pressuposto de que o crime cria um relacionamento e uma ligação entre a vítima e o ofensor. Sua abordagem básica abre possibilidades que vão além do que existe no sistema judicial, e tem se mostrado útil em outros ambientes onde é preciso lidar com transgressões, como na escola.

Portanto, esta obra oferece uma introdução aos encontros vítima-ofensor e é útil para aqueles que estão interessados em desenvolver um programa dessa natureza, em facilitar diálogos ou mesmo participar de um desses encontros.

1

O QUE SÃO ENCONTROS VÍTIMA-OFENSOR (EVO)?*

*E**u tinha um canivete e meu cúmplice tinha uma faca de cozinha afiada, que usamos para cortar os pneus de 24 carros. Também cortamos os estofamentos e destruímos o radiador de um carro. Jogamos pedras grandes nas janelas de vidro das casas e na vitrine da loja de cerveja do bairro. Empurramos um barco até colidir com uma árvore, furamos o casco e o deixamos de ponta-cabeça. Quebramos um gazebo, o farol de um cruzamento e arrancamos a cruz de cima da placa de um igreja do bairro. Usamos garrafas de cerveja para quebrar os vidros dos carros, jogamos uma mesa dentro de um laguinho de peixes e destruímos uma cerca. No total causamos danos a 22 propriedades num período de cerca de 2 horas. Quando finalmente cansamos dessa loucura, voltamos para o apartamento e apagamos.*[3]

* * *

Estas são as palavras de Russ Kelly, um dos dois ofensores do famoso "Caso de Elmira", ocorrido em Ontário, Canadá, 1974. Ainda que a justiça restaurativa tenha muitas raízes, em geral costuma-se traçar sua origem com esse primeiro caso.

Mark Yantzi, um oficial de condicional e voluntário do Mennonite Central Committee (MCC), junto com Dave Worth,

---

* No original em inglês, Victim Offender Conferencing - VOC. Ao longo do livro, será utilizada a sigla EVO - Encontro Vítima-Ofensor. [N. da T.]

também do MCC, estavam inconformados com o modo como os ofensores passavam pelo sistema sem assumir a responsabilidade pelo que tinham feito diante de suas vítimas e da comunidade. Sugeriram ao juiz que os dois ofensores desse caso fossem se encontrar com as pessoas a quem prejudicaram. Depois de certa hesitação, o juiz sentenciou-os a fazerem isso mesmo. Kelly prossegue contando sua história.

* * *

Encontrar as vítimas dos nossos atos foi uma das coisas mais difíceis que já tinha feito na vida. Acompanhados por Mark Yantzi e Dave Worth, fomos até a porta da frente da casa de cada uma das vítimas para pedir desculpas, ouvir o que eles tinham a dizer, apurar o valor da indenização, pedir perdão e garantir às vítimas que não havia uma motivação pessoal para termos feito aquilo. Tinha sido apenas um ato de vandalismo aleatório.

Alguns ofereceram seu perdão, outros queriam nos bater. Por fim, sobrevivemos ao encontro com as vítimas do nosso surto criminoso e voltamos alguns meses mais tarde com cheques administrativos para pagar os gastos não cobertos pelo seguro.

* * *

Hoje Russ Kelly é membro da equipe do Community Justice Initiatives de Waterloo, Ontário, e divulgador da filosofia da justiça restaurativa.

O atual movimento de justiça restaurativa ocidental começou por reunir vítimas e ofensores mediante um processo de facilitação originalmente chamado de "programa de reconciliação vítima-ofensor" (VORP, na sigla norte-americana). Esse nome não é mais muito utilizado hoje em dia (a questão de terminologia será abordada nas páginas 16 e 17), porém esta abordagem básica continua sendo a aplicação mais comum da justiça restaurativa, ao menos nos Estados Unidos.

O processo de encontro vítima-ofensor reúne vítimas e autores de um crime num encontro presencial, preparado e conduzido por um facilitador treinado, não raro um voluntário da comunidade, onde se conversa sobre o impacto e as consequências do crime. Outros podem ser envolvidos, como familiares, amigos e membros da comunidade. O encontro acontece num ambiente seguro e estruturado que dá às vítimas a oportunidade de contar sua história, expressar seus sentimentos, buscar respostas a perguntas que o processo judicial não pôde responder e, na maior parte dos casos, discutir opções de restituição.

Os ofensores também têm a oportunidade de falar sobre o que aconteceu, assumir a responsabilidade por seus atos e ouvir ao vivo como seus atos afetaram a vítima. Os encontros tornam os ofensores responsáveis diante daqueles que foram prejudicados e os envolvem como parte do plano desenvolvido para ressarcir os prejuízos.

Nos Estados Unidos os VORP foram implementados pela primeira vez em Elkhart, Indiana, em meados dos anos 70. Aquela iniciativa baseava-se em parte num modelo criado em Kitchener, Ontário, e foi inicialmente operacionalizado a partir do Departamento de Liberdade Condicional. Logo em seguida passou para as mãos de uma organização não governamental sem fins lucrativos, o Elkhart County Prisoners and Community Together, e continua sendo gerido por um centro comunitário, o Center for Community Justice. Muitos dos programas criados ao longo das três décadas seguintes tiveram por base os modelos de Kitchener e Elkhart.

O programa de Elkhart funcionou, praticamente desde o início, atendendo transgressores juvenis e adultos. Muitos outros dentre esses primeiros programas trabalhavam com as varas da infância e juventude. A intenção, em muitos deles, era começar com infratores juvenis, ganhar credibilidade e depois começar a tratar também dos casos de adultos. No programa de Elkhart os profissionais encontraram semelhanças entre adultos e jovens em termos da reação das vítimas e responsabilização dos ofensores.

No início os encaminhamentos eram, em sua maioria, de crimes contra a propriedade, como furto, mas crimes "pessoais" como agressão, roubo ou assalto à mão armada começaram a ser encaminhados também. Alguns programas passaram a trabalhar crimes muito violentos, mas apenas depois de treinamento avançado e mediante procedimentos especiais (ver o Capítulo 4).

Em 1994 a American Bar Association endossou o uso de encontros vítima-ofensor nas cortes norte-americanas. Em 2000 havia mais de mil programas vítima-ofensor em funcionamento nos Estados Unidos e na Europa,[4] administrados por agências comunitárias privadas, departamentos de liberdade condicional e agências de apoio a vítimas. Muitos utilizam voluntários da comunidade treinados para serem facilitadores.

TERMINOLOGIA

Nos anos 70, quando o primeiro programa VORP teve início nos Estados Unidos, havia muita discussão sobre a terminologia apropriada para descrever o processo. O termo "mediação" foi descartado de saída, pois remetia a partes mais ou menos equivalentes em termos de status moral. Esse não é o caso de vítima e ofensor, porque nesta situação claramente um fez algo de errado que prejudicou o outro.

O foco primário do VORP é assistir vítimas e ofensores no processo de lidar com os aspectos relacionais do crime. Portanto, o termo "reconciliação" foi inicialmente utilizado como forma de aludir aos encontros presenciais e seu tratamento das questões relacionais. Os encontros não tinham a intenção de oferecer um momento "espiritual", em que as pessoas se abraçariam e se perdoariam milagrosamente. Ao contrário, os encontros eram vistos como forma de reconhecer o mal e o dano causado a relacionamentos individuais e comunitários em consequência de um crime.

Não havia tentativas de forçar a reconciliação entre as partes. Ainda assim, o termo "reconciliação" deu margem a temores legítimos, e muitos programas optaram pelo uso do termo Mediação Vítima-Ofensor (VOM) em vez de VORP.

Mais recentemente alguns programas deixaram de usar os termos "mediação" e "reconciliação" para utilizar "conferência" ou "encontro". A mediação muitas vezes é vista como um processo que exige que os participantes se adaptem a ele, ao invés de ser um processo flexível que se adapte aos participantes. O termo "mediação" também sugere às vítimas que elas estarão negociando e perderão seu direito à indenização.

O termo "conferência" ou "encontro" sugere uma abordagem participativa que confere flexibilidade quanto a quem será incluído, acomodando inclusive membros da comunidade, quando apropriado. A designação foi introduzida pelas Conferências de Grupos Familiares, que se tornaram centrais ao sistema de justiça juvenil na Nova Zelândia em 1989.

O resumo de caso a seguir oferece um exemplo da motivação pela qual vítimas e ofensores podem decidir participar de um diálogo presencial.

* * *

Um par de tênis novos foi subtraído do armário de um dos alunos da escola. A mãe do ofensor o denunciou ao diretor da escola e os sapatos foram devolvidos. Os dois adolescentes não se conheciam, mas ambos concordaram em participar da mediação. Quando perguntaram ao dono dos sapatos o que queria como compensação, a vítima manifestou que queria ouvir um pedido de desculpas do outro garoto, e que esperava que isso o ajudasse a aprender uma lição.

Será que alguém ficou realmente satisfeito, principalmente a vítima? No início do encontro sentia-se uma tensão palpável. Embora não tenha se dissipado completamente, as coisas amainaram quando o ofensor se desculpou à vítima. Depois, a mãe da vítima expressou sua admiração pela mãe do ofensor, uma vez que esta tinha denunciado o filho ao diretor. E quando a vítima manifestou que aceitava as desculpas, que esperava que o ofensor tivesse aprendido uma lição e que não queria indenização alguma, isso deixou o ofensor surpreso.

Não acredito que esses dois rapazes se tornem amigos, mas a mediação lhes permitirá seguir a vida sem o peso da culpa, da raiva ou de interpelações raivosas. Isto faz tudo valer a pena.[5]

* * *

O PROCESSO DOS ENCONTROS VÍTIMA-OFENSOR

O processo típico segue os mesmos passos básicos, independentemente de o caso envolver uma ou mais vítimas ou ofensores. Os passos são os seguintes:

1. **Encaminhamento** – Os casos são encaminhados por várias fontes, inclusive juízes, oficiais de condicional ou policiais, promotores de justiça ou agências

comunitárias. Os critérios e protocolos para encaminhamento em geral são elaborados junto com a fonte do encaminhamento.

2. **Triagem e gerenciamento do caso** – O encaminhamento entra num sistema de gerenciamento de caso e é triado no tocante à sua adequação para o processo. Em seguida, um membro da equipe do programa designa um facilitador treinado para cuidar do caso.

3. **Primeiro contato** – O facilitador verifica se o ofensor está disposto a participar e a ir de fato ao encontro, para depois entrar em contato com a vítima. O primeiro contato com a vítima é por carta, seguido por um telefonema de acompanhamento.

4. **Encontros iniciais** – Encontros presenciais com a vítima e o ofensor, em separado, oferecem a oportunidade de o facilitador escutar a história de cada um deles, explicar o processo do encontro vítima-ofensor e estabelecer se os dois pretendem continuar. Visam também encontrar uma data e local apropriados para o encontro. Além disso, o facilitador ajuda vítima e ofensor a identificarem as pessoas de apoio que querem que os acompanhem, como, por exemplo, um membro da família, amigo, mentor ou pastor.

5. **Apoiadores** – No passo 4, as pessoas escolhidas como apoio comparecem ao encontro a pedido da vítima ou do ofensor e com a concordância desses participantes primários. O facilitador faz uma reunião em separado com as pessoas de apoio antes do encontro vítima--ofensor para explicar o processo e o papel delas. Se essa reunião é inviável, a conversa acontece por telefone.

6. **O encontro** – Depois de serem explicadas as regras básicas e orientações, a conferência abre a oportunidade para que os participantes primários e as pessoas de apoio conversem sobre suas experiências e sentimentos ou façam perguntas uns aos outros. Os participantes então examinam o que é necessário para corrigir os males e perdas sofridos pela vítima, reconhecendo que nenhuma indenização poderá suprir os prejuízos plenamente, sendo em boa parte simbólica. Por fim, as partes assinam o acordo de indenização ou restituição e, se elas se conheciam antes do evento danoso, assinam um acordo comportamental que guiará suas interações no futuro.

7. **Relatórios e monitoramento** – O facilitador faz um relatório sobre o processo para a equipe do programa. Uma cópia do acordo e um breve relatório seguem para a agência que fez o encaminhamento. O programa então monitora o acordo até que chegue a seu termo, e ajuda a resolver dificuldades imprevistas ao longo do caminho.

OUTROS PROCESSOS DIALÓGICOS

O encontro vítima-ofensor é apenas um dos processos da justiça restaurativa. A seguir veremos uma ampla variedade de abordagens para ocasiões em que vítimas e ofensores se reúnem para dialogar.

Os encontros foram concebidos inicialmente para reunir uma vítima e um ofensor, mas desde o começo o processo incluiu quantas pessoas fossem necessárias. Muitas comunidades continuam a adaptar e combinar esses processos.

Conferências de Grupos Familiares
Os modelos de Conferências de Grupos Familiares (CGF) vindos da Nova Zelândia (e depois adotados na Austrália) desempenharam papel significativo na inclusão de maior representação da família, dos amigos e membros da comunidade, e por vezes até de profissionais da justiça no processo restaurativo. O modelo neozelandês enfatiza o empoderamento da família, a adequação cultural, a tomada de decisões por consenso e o uso de *caucus* familiar durante a conferência.

As Conferências de Grupos Familiares da Nova Zelândia representaram um modo de aliviar o sistema de justiça juvenil sobrecarregado com jovens indígenas maori. Esta abordagem incorpora valores maori e enfatiza o papel da família e da comunidade no processo da justiça.[6] As CGF foram incorporadas à lei neozelandesa em 1989 e tornaram-se o padrão para processar jovens, salvo nos casos de assassinato culposo ou doloso. Desde a implantação das CGF, os juízes das varas de infância e juventude reportam uma diminuição de 80% dos casos.[7]

Tomadas de Decisão por Grupos Familiares (TDGF)
Em meados dos anos 1990 as TDGF surgiram como uma adaptação feita a partir do modelo de CGF, da Nova Zelândia e passaram a ser muito utilizadas no sistema de bem-estar da criança e juventude nos Estados Unidos. O National Center on Family Group Decision Making, um programa da American Humane Society, descreve os valores das TDGF:

> (As TDGF) se baseiam na crença de que os membros da família partilham história, sabedoria, potenciais insuspeitos e inigualável compromisso com seus filhos. Elas tratam de empoderar as famílias e seus amigos para que pensem

e planejem criativamente a fim de beneficiar crianças e jovens, criar parcerias dentro da comunidade e utilizar os pontos fortes da família para resolver problemas de bem-estar infantil ou juvenil. É também um convite às famílias para que sejam responsáveis pelos resultados de um plano que elas próprias criaram.[8]

Pela regra as TDGF são coordenadas pelos serviços de assistência social do sistema de proteção ao bem-estar da criança, que solicitam a participação da família diante de casos de abuso ou negligência comprovados. Assim como nos encontros vítima-ofensor e nas Conferências de Grupos Familiares, aqui também os encontros preparatórios são componentes-chave do processo.

A preparação inclui medidas para garantir a segurança da criança e identificar membros da família estendida e pessoas que poderiam ser apoiadores, que serão convidadas a participar do processo. Envolver aqueles que causaram os males também é de vital importância, pois estes precisam participar da escolha e da implementação das soluções.

Assim como nos EVO e nas CGF, o acompanhamento é da maior importância. A segurança da criança muitas vezes depende do cuidadoso monitoramento por parte do Departamento de Assistência Social que verifica se os serviços estão sendo prestados adequadamente e comunica as decisões tomadas na reunião. Há casos em que se marcam reuniões de acompanhamento para rever o caso ou renegociar acordos.

Processos Circulares

Os processos circulares derivam diretamente da tradição do Círculo de Fala, comum entre os indígenas da América do Norte. Kay Pranis afirma em seu livro *Processos Circulares*:

Reunir-se numa roda para discutir questões comunitárias importantes é algo que faz parte das raízes tribais da maioria dos povos. Essas práticas ainda são cultivadas entre povos indígenas do mundo todo e temos em relação a eles uma imensa dívida de gratidão, pois mantiveram vivas práticas que vieram a ser fonte de sabedoria e inspiração para as nossas culturas ocidentais modernas.[9]

Os processos circulares com frequência ampliam o número de pessoas envolvidas num diálogo. Os participantes identificam valores que querem ver orientar o processo. Em geral esses diálogos utilizam um bastão de fala, objeto com valor simbólico para o grupo e que passa de uma pessoa para a próxima, conferindo a quem o detém o direito de falar sem ser interrompido. Os facilitadores muitas vezes são chamados de "guardiães do círculo", e devem receber um tipo diferente de treinamento daquele dos facilitadores dos EVO.

Os círculos assumem vários nomes para refletir sua finalidade, como por exemplo: Círculos de Construção de Paz, Círculos de Cura, Círculos de Conversa, Círculos de Cuidado e Círculos Escolares. Pelo fato de os círculos terem eco em muitas tradições, e por serem tão inclusivos e poderosos, acabam sendo muito atraentes para grande parte dos participantes.

Os processos circulares se baseiam nos seguintes pressupostos:

- Todos querem estar ligados aos outros de modo positivo.
- Todos são membros valiosos da comunidade e têm direito às suas crenças.
- Todos têm valores centrais que indicam o que significa estar ligado ao outro de modo positivo (muito embora

nem sempre seja fácil agir segundo esses valores, principalmente em tempos de conversas difíceis ou conflitos).[10]

À medida que os círculos vão sendo mais utilizados na cultura ocidental, é vital adaptá-los de modo adequado à nossa cultura, ao invés de simplesmente importar símbolos ou abordagens de outras culturas. Val Napoleon, da tradição Cree-Saulteaux-Dunne Zah, nos adverte contra a "romantização dos seres humanos, das culturas e comunidades, visto que isto provocará um curto-circuito no pensamento crítico e criativo necessário para criar mudanças sociais positivas através da justiça restaurativa".[11]

> À medida que os círculos se tornam mais frequentes na cultura ocidental, é vital que sejam adequadamente adaptados à nossa cultura.

VALORES SUBJACENTES AOS PROCESSOS

Muito trabalho tem sido dedicado à identificação e à estrutura dos processos da justiça restaurativa. O Office on Justice & Peacebuilding da Mennonite Central Committee, onde trabalho, usa as seguintes afirmações axiomáticas para orientar seu trabalho:

- Todas as pessoas deveriam ser tratadas com dignidade e respeito, reconhecendo-se que cada uma delas detém uma parte da verdade.
- Cada um de nós precisa se responsabilizar por suas próprias ações e prestar contas de seus atos.

- Devido à nossa presença, somos todos membros de várias comunidades e, portanto, estamos ligados uns aos outros.
- Reconhecemos que o perdão é um processo que permite a todos caminhar no seu próprio ritmo.
- Oferecemos oportunidades de reconciliação quando e como parecer apropriado para aqueles afetados pelas ações de outros.

Devido à sua ênfase na individualidade, a sociedade ocidental é às vezes chamada de um ambiente de "baixo contexto". Num ambiente de "alto contexto" a visão de mundo dominante se concentra na união com os outros e na importância da comunidade.

Tais valores se evidenciam no sistema jurídico das diversas culturas. Dentro do sistema jurídico ocidental, enraizado no individualismo, cada pessoa é responsável por atos cometidos contra outros, e o sistema fala pelas vítimas. Esta ênfase no indivíduo *versus* a comunidade contribui para a desconfiança que muitos não ocidentais sentem em relação ao judiciário ocidental.

Os valores que guiam os processos de EVO são mais bem compreendidos através da analogia da teia. Todo processo ou estrutura deve estar ligado a questões sociais e de justiça mais amplas do que uma resposta individualista ao crime. Tais valores incluem:

- Interconexão – Os processos devem incluir todos os que foram afetados pelo crime e abordar suas implicações sociais, sistêmicas, espirituais e pessoais.
- Respeito – Todos os seres humanos têm igual valor inerente, independentemente de suas ações, de raça, classe, gênero, idade, crenças, orientação sexual ou status

social. O respeito inclui ouvir, falar e ter consideração e compreensão mútua por todos os participantes.

- Transparência – Na medida do possível, uma compreensão completa e honesta das motivações é essencial.

- Responsabilidade – Todos têm a obrigação de envolver-se e participar do processo, aceitar a responsabilidade por seus atos e o impacto destes sobre os outros, bem como por corrigir seus atos, se necessário.

- Autodeterminação – o processo deve estimular o empoderamento de todos os participantes.

- Espiritualidade – O processo tem a capacidade de ir além das pessoas envolvidas. Deveria inspirar a cura e a mudança nos participantes e a fé no fortalecimento da comunidade. Mesmo que o processo descrito aqui não seja explicitamente religioso ou espiritual, muitos participantes percebem nele uma qualidade espiritual.

- Verdade – É importante que as pessoas expressem sua verdade, algo que vai além da constatação dos fatos. Essa expressão da verdade acontece quando elas contam a história de sua experiência num ambiente seguro e acolhedor.

Como fica claro neste capítulo, o EVO continua evoluindo em termos de escopo e terminologia. Trata-se de um processo dialógico dentre muitos que surgiram dentro da estrutura da justiça restaurativa.

RAZÕES PARA PARTICIPAR DE UM ENCONTRO VÍTIMA-OFENSOR

*E*ra quarta-feira, uma noite fraca de vendas para o mercadinho do bairro. Scott, de quinze anos de idade, entrou com dois amigos, que pareciam estar armados, e exigiu o dinheiro do caixa. Os proprietários mantiveram a calma e entregaram 100 dólares em dinheiro que tinham na gaveta. Os meninos foram embora e dividiram entre si o fruto do roubo.

Quando nos encontramos com Scott, ele estava no processo de tentar dar uma virada na vida. Tinha completado o curso de equivalência do colegial, encontrara um emprego, morava num apartamento e agora, aos 17 anos, estava disposto a enfrentar sua vítima e assumir a responsabilidade por seu crime. Também nos encontramos com os donos do mercadinho, Ruth e Nathan. Ruth ainda estava ressentida, mas concordou em se encontrar com Scott.

Na reunião conjunta, Ruth pediu a Scott que falasse primeiro. Para ela era importante ter respostas para algumas perguntas: Por que tinham escolhido a loja dela? Valeu a pena cometer um crime por tão pouco dinheiro? Será que ele compreendia o impacto dos atos dele na vida dela? O que ele estava fazendo da vida agora?

Ela pareceu aliviada ao saber que a loja tinha sido escolhida ao acaso e que o crime com certeza não compensou. Scott roubara porque estava duro, vivendo sozinho (tinha sido expulso de casa) e não conseguia encontrar trabalho. Foi um daqueles momentos sombrios na vida e estava desesperado. Admitiu que, na verdade, não era possível imaginar o que Ruth sentira, no entanto, conseguia imaginar o tamanho do trauma.

A discussão fluiu com naturalidade. Na época, Ruth não tinha percebido que as armas eram apenas de brinquedo, e ficou paralisada de medo de deixar seus filhos órfãos. Ela não se sentia mais segura em seu próprio bairro, e queria ter certeza de que Scott não era mais um criminoso. Scott pediu desculpas e garantiu a Ruth que não pretendia cometer mais nenhum crime.

Ambos manifestaram a preocupação sobre Scott perder o emprego se tivesse de ir para a cadeia. Ofereceram-se para estar presentes na audiência com o juiz, embora não fosse uma exigência legal. O testemunho de Ruth influenciou o juiz a suspender parte da sentença para que Scott não perdesse o emprego.

Os dois lados chegaram ao encontro apreensivos. Scott estava aterrorizado de ficar na presença de sua vítima. Ruth tinha medo de sentir muita raiva e das lembranças que surgiriam quando visse o ofensor. Nenhum dos dois esperava vivenciar a ligação pessoal que surgiu ali.[12]

* * *

Muitas vezes a experiência de ser vítima é avassaladora e afeta profundamente as pessoas, chegando a mudar suas vidas. Seja um crime "leve" ou "grave", os efeitos podem ser muito traumáticos. As vítimas experimentam uma série de emoções, inclusive intenso pavor, impotência, raiva de si e dos outros, até mesmo família, amigos e o sistema judicial. Algumas vítimas podem passar por uma crise de fé enquanto reavaliam sua crença num Deus protetor. Muitas se perguntam se o mal sofrido foi culpa delas e lutam com a sensação de ter perdido o controle sobre suas vidas, que as leva a isolarem-se dos outros.

Estas reações ao crime criam necessidades que podem ser atendidas de várias formas. Por vezes a comunidade mais próxima da vítima oferece uma sensação de segurança e justiça. Mas algumas carências só podem ser atendidas pela pessoa que causou o mal.

Pesquisadores do Center for Restorative Justice and Peacemaking da Universidade de Minnesota fizeram a revisão de 85 casos a fim de examinar a motivação dos participantes para entrarem no processo de diálogo restaurativo. O estudo incluiu participantes de mediação vítima-ofensor e Conferências de Grupos Familiares, Círculos e outros processos comunitários.[13]

Dentre as várias motivações das vítimas para participar estavam o desejo de receber restituição (financeira ou de outra natureza); a vontade de responsabilizar o ofensor; e querer saber mais sobre o porquê do crime. Também manifestaram a necessidade de dar expressão à sua dor para que o ofensor

> Algumas necessidades da vítima só podem ser atendidas por quem causou o dano.

soubesse, e receber dele a garantia de que não repetiriam o crime. Talvez a necessidade mais importante seja a necessidade de participar de uma vivência que as ajudasse a resgatar seu poder e respeito depois da experiência de ser vítima. É significativo o estudo ter mostrado que, embora a motivação primária para participar da mediação vítima-ofensor seja a restituição, aquilo que as vítimas mais valorizam no final é a oportunidade de falar com o ofensor.[14]

Nesse mesmo estudo, os ofensores listaram várias razões para participar do diálogo com suas vítimas. Muitos acreditavam que o processo de diálogo os ajudaria a deixar o crime para trás e tocar a vida. Mencionaram também que a oportunidade de opinar quanto ao pagamento da restituição, poder falar à vítima sobre o que aconteceu, e poder pedir desculpas pelo que tinham feito eram facetas importantes do diálogo.

A história que segue aconteceu num programa vítima-ofensor de Ohio e ilustra algumas dessas motivações.

* * *

Certa noite, John, de 14 anos, jogava pedras do alto do viaduto e acertou o para-brisa de um caminhão pequeno que passava lá embaixo. Um passante o flagrou e ele foi preso.

A vítima, o Sr. Owens, foi procurado pelo facilitador, mas afirmou que não tinha interesse em falar com o rapaz, embora admitisse que fora um evento traumático que poderia ter posto fim à sua vida. Alguns dias mais tarde, depois de pensar um pouco no assunto, o Sr. Owens entrou em contato com o escritório e disse que tinha mudado de ideia e queria dizer algumas coisas a John.

Foi um encontro importante para ambos. John ficou sabendo o quanto esse incidente traumatizou o Sr. Owens, e as perdas que experimentou. A vítima era motorista de caminhão e esta atividade era sua fonte de renda e sua primeira paixão, mas hoje ele vivia com medo. Como parte do acordo de restituição, o Sr. Owens pediu a John que viesse ajudá-lo a lavar o caminhão todos os sábados durante um mês. O combinado deu certo e o Sr. Owens sentiu que o relacionamento que surgiu entre eles durante os sábados de manhã era muito positivo.

Mas no último sábado, John telefonou para dizer que não poderia comparecer, pois seu pai havia falecido num acidente de carro na noite anterior. O Sr. Owen decidiu ir ao enterro e resolveu servir como "irmão mais velho" de John.[15]

* * *

O crime cria relacionamentos, mesmo que negativos. A quebra de confiança afeta não apenas os diretamente envolvidos, mas também familiares, amigos e as comunidades às quais a vítima e o ofensor pertencem. O diálogo que acontece nos encontros vítima-ofensor se propõe a tratar desses rompimentos.

Isso se reflete em afirmações das vítimas no sentido de que "o encontro nos deu a oportunidade de ver um ao outro cara a cara e resolver a situação" e "diminuiu o medo que eu sentia pelo fato de ter sido vítima, porque pude ver que o ofensor também era humano".[16]

Os ofensores dizem: "Depois de encontrar as vítimas, percebo o quanto as prejudiquei" e "Através da mediação consegui compreender muitas coisas sobre aquilo que fiz. Percebi que a vítima ficou muito machucada, e me senti muito mal".[17]

A história que segue ilustra o potencial do encontro vítima-ofensor para um e outro quando se encontram para dialogar.

* * *

A infratora trabalhava na seção de calçados da loja de departamentos do bairro. Foi pega pelo chefe da segurança tirando dinheiro da caixa registradora.

Inicialmente, não queria estar cara a cara com suas vítimas. Tinha vergonha do que tinha feito e medo de que gritassem com ela e de ser novamente acusada pelo chefe da segurança.

Depois de muito tempo, e tendo consultado sua mãe, concordou em participar. Também solicitou que sua supervisora fosse ao encontro, já que tinham um bom relacionamento na época em que trabalhava na loja e a supervisora lhe parecia uma pessoa "amistosa".

Durante um encontro preparatório com a supervisora e o chefe da segurança, ficou claro que a supervisora se sentia vítima, dado que tinha trabalhado diretamente com a ofensora. A empresa, representada pelo chefe da segurança, também era vítima, mas apenas no aspecto pecuniário e não pessoal.

Inicialmente o encontro foi difícil, pois a ofensora chorou muito e teve muita dificuldade de falar sobre seu crime. Estava ansiosa, mas conseguiu expressar remorso. Pareceu surpresa ao perceber que o chefe da segurança não parecia ser uma "pessoa má" no final das contas.

A supervisora falou sobre as questões pessoais que surgiram para si depois do crime, posto que agora tinha muita dificuldade de confiar em seus subordinados. Essa afirmação pareceu afetar muito a ofensora, cuja mãe também falou sobre os impactos dessa experiência na família.

Os participantes chegaram a um acordo de restituição, que foi pago de imediato.[18]

PASSOS NO PROCESSO DO ENCONTRO VÍTIMA-OFENSOR

Passemos agora a uma descrição mais detalhada do processo de encontro vítima-ofensor e os passos a serem seguidos. O diagrama abaixo mostra os passos de um processo típico, desde o encaminhamento até o encontro final de acompanhamento.

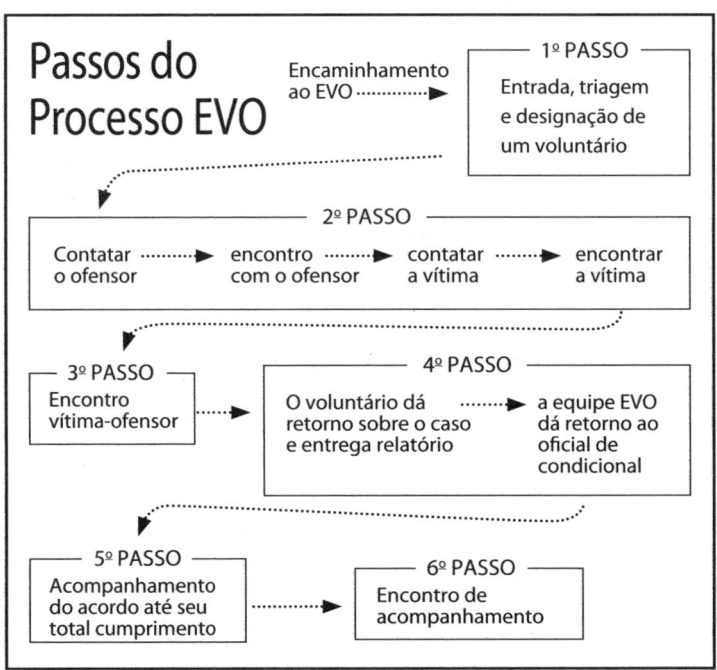

ENCAMINHAMENTO PARA O ENCONTRO VÍTIMA-OFENSOR

Os programas recebem casos de uma fonte pré-determinada. Estas podem ser: um juízo de execução de livramento condicional, policiais, programas de ajuda a jovens, promotores, juízes, escolas ou grupos comunitários. Alguns programas trabalham com apenas uma ou duas fontes, outros recebem encaminhamentos de fontes diferentes em etapas diversas do processo judicial. O processo de encaminhamento é descrito nos protocolos ou acordos formais firmados com as fontes.

1º PASSO – ENTRADA, TRIAGEM E DESIGNAÇÃO DE UM VOLUNTÁRIO

Quando o programa que oferece encontros vítima-ofensor recebe um encaminhamento, ele dá entrada no sistema de gerenciamento de casos. Envia-se uma carta ao ofensor apresentando o programa e informando-o que um facilitador entrará em contato por telefone. Nesse ponto, a maioria dos programas entrega o caso a um facilitador ou a cofacilitadores.

O facilitador designado para o caso recebe um arquivo contendo as informações pertinentes, como nomes, endereços e telefones da vítima e do ofensor. Outra informação importante é se o crime teve múltiplos autores e se eles serão encaminhados mais tarde por outros oficiais de livramento condicional. A situação de outros envolvidos é relevante para vítimas e ofensores quando o facilitador telefona para agendar um encontro.

Antes de entrar em contato com a vítima, a maioria dos programas espera até que tenha se realizado o primeiro encontro com o ofensor, para ver se este pretende continuar no processo. No passado, se o ofensor não estivesse disposto a se encontrar com a vítima, o programa nem sequer entrava em contato com ela. No entanto, hoje os programas começaram a procurar as vítimas para perguntar se haveria outra maneira de atender às suas necessidades, em vez de simplesmente presumir que o programa não pode oferecer outros serviços além do encontro com o ofensor.

Mesmo que a fonte do encaminhamento tenha considerado o caso apropriado para um encontro vítima-ofensor, a equipe do programa também faz a triagem dos casos considerando sua adequação ao projeto. Esta triagem garante que o ofensor assuma uma parcela de responsabilidade e que não haja preocupações graves quanto a possíveis comportamentos e a segurança de vítima ou ofensor. Se tais preocupações surgirem, o caso pode ser recusado, ou aceito com algumas precauções. Os facilitadores são treinados para ficarem alertas às questões detectadas na triagem com vistas às fases subsequentes do processo.

2º PASSO – PRIMEIROS CONTATOS

O primeiro telefonema do facilitador tem por finalidade agendar um encontro introdutório com o ofensor para explicar o processo e escutar a sua história. Se ele (e os pais ou responsáveis, caso seja menor de idade) concordar em encontrar-se com a vítima, o facilitador telefonará para a vítima e procederá da mesma forma.

Durante essas conversas preliminares, o facilitador pede aos participantes que nomeiem outras pessoas que gostariam que estivessem presentes durante o encontro vítima-ofensor. O facilitador então agenda entrevistas com estas outras pessoas de apoio. Tais entrevistas presenciais são de vital importância, pois ajudam a estabelecer laços de confiança, a abordar preocupações sobre segurança ou a respeito do processo e também antecipam a dinâmica do encontro.

Quando todos os participantes concordam em se encontrar, a data é marcada. O facilitador cuida para que o local do encontro seja agradável e o ambiente seguro para todos os envolvidos.

3º PASSO – ENCONTRO VÍTIMA-OFENSOR

O encontro é a ocasião para examinar o que aconteceu. Os participantes, inclusive as pessoas de apoio, são estimulados a falar de suas experiências e sentimentos e também a fazer perguntas uns aos outros.

O encontro também aborda o que é necessário para tratar das perdas e dos danos, sabendo-se que muito daquilo que os ofensores reconhecem é meramente simbólico em relação às perdas realmente sofridas. O facilitador cuida para que qualquer acordo seja realista e suficientemente específico a fim de que os funcionários do programa possam fazer o acompanhamento. Os participantes também falam da necessidade de um encontro futuro, após o cumprimento do acordo, para reconhecer e validar o processo.

4º PASSO – RELATÓRIO

Depois do encontro, o facilitador faz um relatório para a equipe do programa e o entrega junto com o acordo de restituição assinado e as avaliações dos participantes (se houver). O facilitador então fecha o caso em seguida a uma reunião com a equipe do programa.

5º PASSO – ACOMPANHAMENTO

A equipe do programa envia o acordo assinado à fonte que encaminhou o caso e começa a monitorar o acordo de restituição. Isso envolve cuidar para que o ofensor cumpra o acordo e a vítima seja mantida informada sobre o andamento, especialmente se houver algum problema com o seu cumprimento.

6º PASSO – ENCONTRO DE ACOMPANHAMENTO

Quando o ofensor acaba de cumprir as condições do acordo, o facilitador agenda um encontro final entre os participantes, se estes assim desejarem. O encontro final é um ritual que permite aos envolvidos encontrarem-se informalmente para reconhecerem que o acordo foi cumprido e para terem um sentido de "fechamento" do processo. Muitas vítimas e ofensores acham proveitoso escutar do outro a apreciação do processo.

Se os participantes não desejam fazer um encontro final, a equipe do programa notifica a fonte do encaminhamento que o ofensor realizou a restituição. A fonte então se encarrega dos próximos passos, que em geral são o fim do livramento condicional, caso as outras exigências tenham sido cumpridas.

Por vezes o resultado do encontro vítima-ofensor pode ter impacto sobre o resultado final do caso. Se o caso foi encaminhado na fase de indiciamento, por exemplo, um acordo bem-sucedido entre eles pode ser aceito como alternativa à denúncia. Se o caso foi encaminhado pela vara, o juiz pode levar em conta o cumprimento do acordo de restituição na hora de determinar a pena.

Uma vez que os processos nos programas de encontro vítima-ofensor são, como um todo, bastante similares, as especificidades dependem em parte da concepção e da base institucional desses programas. De onde vêm os encaminhamentos? Quem inicia o contato com as vítimas e os ofensores (e qual vem primeiro)? Aceitaremos encaminhamento de menores, adultos, ou ambos? Os casos encaminhados virão em que estágio do processo penal? Todas essas são variáveis que mudam conforme o programa.

4

QUESTÕES SENSÍVEIS NO PLANEJAMENTO DE UM PROGRAMA DE ENCONTROS VÍTIMA-OFENSOR

Em 1998 Howard Zehr e eu desenvolvemos um curso de um dia para moradores da Pensilvânia interessados em dar início a um programa vítima-ofensor. Preparamos um conjunto de perguntas-chave para que considerassem antes de implementar seu programa.[19] Aquelas questões e perguntas, com algumas atualizações, oferecem uma visão sobre as várias formas que esses programas podem assumir.

QUAL É A MOTIVAÇÃO DO PROGRAMA?
Clareza sobre os propósitos e motivações para implementar um programa são elementos que ajudam a determinar a direção que o programa vai tomar. Quais são os objetivos do programa? Quem está tomando as decisões sobre a sua implementação? Todos os interessados da comunidade foram envolvidos no planejamento do programa desde o início? Os interessados, nesse caso, são representantes comunitários, como associações de bairro, grupos religiosos, grupos em defesa de vítimas, policiais, oficiais de condicional, outros representantes do judiciário.

QUAL SERÁ O CRITÉRIO PARA ACEITAR OU REJEITAR CASOS?

A maioria dos programas vítima-ofensor faz a triagem decidindo caso a caso em vez de definir critérios rígidos de antemão. Na maior parte dos programas faz-se exceção para os casos de violência doméstica, porque neles há um ciclo de violência em andamento. Depois de garantir a segurança da vítima, alguns programas fornecem diálogos específicos para tratar de certas questões de violência doméstica, como custódia de filhos, visitação e finanças. No entanto, antes de aceitar casos de violência doméstica, é essencial consultar o serviço social encarregado.

DE QUE FONTE DENTRO DO SISTEMA JUDICIAL VIRÃO OS CASOS?

Os encaminhamentos para o encontro vítima-ofensor vêm de muitas fontes dentro do judiciário, mas na maioria das vezes acontecem depois que o ofensor entrou no processo judicial. No caso dos adultos, o encaminhamento costuma acontecer após a culpa ter sido estabelecida (no sistema norte-americano, depois que o acusado se declara culpado) e antes ou depois da sentença.

No caso de menores de idade, o processo de encaminhamento é mais discricionário. Alguns encaminhamentos acontecem logo no auto de apreensão do menor, podendo ser conjuntamente com a liberação sob responsabilidade dos pais ou alternativas, o que evita o processo penal formal. Outros são encaminhados após a oitiva e a determinação do livramento condicional. O encontro vítima-ofensor pode ser determinado pelo juiz ou oficial de condicional, ou pode ser determinado em sentença.

Em geral os programas recebem os casos depois que o ofensor já está num processo penal. Isso é causa de críticas, especialmente da parte dos grupos de defesa das vítimas, pois o encontro vítima-ofensor acaba sendo um programa iniciado pelo ofensor. Os encaminhamentos também podem ter origem de outras instituições da comunidade, como igrejas e escolas.

TODOS OS OFENSORES QUE PARTICIPAM PRECISAM ADMITIR SUA CULPA?

Na maior parte dos casos, o processo do encontro vítima--ofensor parte da admissão de envolvimento por parte do ofensor. Ocasionalmente, ele poderá admitir que fez algo diferente do que consta da acusação formal, algo que pode levar a uma discussão útil entre os participantes do encontro.

Alguns programas exigem que o ofensor admita a culpa e, ainda, que também expresse remorso e esteja disposto a pedir desculpas. Contudo, em geral é durante o encontro, quando ele escuta o relato da vítima, que o ofensor sente e percebe o arrependimento. Em vista disso, o processo de EVO é mais bem compreendido como uma *oportunidade* de o ofensor se responsabilizar diante da pessoa que prejudicou, e assumir as consequências do mal cometido – demonstrando ou não seu arrependimento, pedindo ou não desculpas. É importante que o facilitador não crie expectativas nas entrevistas iniciais com a vítima, nem dê a entender que o ofensor irá se desculpar.

O EVO FUNCIONA TANTO PARA CASOS DE MENORES COMO PARA ADULTOS?

Sim, ainda que os programas em geral comecem por atender menores de idade. Alguns pensam que o processo tem maior impacto nos jovens e pode evitar que se tornem reincidentes. Para alguns programas, a fonte de encaminhamento decide quais casos enviar, e muitos entendem que as varas da infância e juventude são mais adaptáveis aos programas EVO do que a justiça criminal para adultos.

Contudo, depois que os programas ganham confiança e experiência, muitas vezes passam a atender adultos também. Dado que responsabilizar ofensores é a meta de qualquer programa de justiça restaurativa, consequentemente, os EVO podem produzir bons resultados tanto com adultos como com jovens.

SERÁ ESTE UM PROCESSO VOLUNTÁRIO, TANTO PARA VÍTIMAS COMO PARA OFENSORES?

Em alguns programas, na verdade a decisão de entrar em diálogo é iniciativa da vítima. Quando não é esse o caso, a vítima jamais deve se sentir coagida a participar. É comum que ela relute em participar de um diálogo. Portanto, é vital que haja uma cuidadosa preparação e que se escutem suas preocupações, ajudando-a a decidir se deseja continuar ou não no processo.

Os programas variam também no tocante à participação do ofensor. Pode existir um elemento coercitivo para os ofensores, embora esteja claro que obrigar alguém a participar de um diálogo leva a uma grande probabilidade de que o resultado seja ruim. Contudo, os ofensores em geral não se sentem motivados a estar na presença de alguém que prejudicaram. Muitos deles afirmam que é mais fácil ir para a cadeia do que se encontrar com as vítimas.

Em vez de colocar o processo como sendo "voluntário" ou "obrigatório", é proveitoso estimular a participação como meio de se tornar responsável ao assumir o dano causado a outrem. Se os ofensores percebem que ser responsável é um passo importante no processo de virar a página e recomeçar, muitas vezes se sentem bem mais dispostos a participar.

QUEM DEVE SER ENVOLVIDO NO PROCESSO VÍTIMA-OFENSOR?

Nos primórdios dos programas vítima-ofensor, tanto um como outro eram os participantes primordiais. Mesmo que houvesse convidados como espectadores, ainda assim, os encontros se limitavam àqueles diretamente envolvidos. Nos casos de crianças ou adolescentes, às vezes os pais eram incluídos se desejassem.

Essa visão evoluiu bastante ao longo dos anos. Os programas de encontro vítima-ofensor aprenderam com o modelo das Conferências de Grupos Familiares que o processo visa empoderar todos os participantes a reconhecer o dano, não apenas a vítima primária, mas também as vítimas secundárias, como a família e os membros da comunidade. A história a seguir ilustra o poder da família e da comunidade no processo das Conferências de Grupos Familiares.

* * *

Seis rapazes de 15 anos de idade iam caminhando pelo estacionamento da escola após um treino de beisebol quando decidiram usar os tacos para acertar bolas no vidro de uma caminhonete que estava estacionada. O dono do veículo, um eletricista que também dirigia o ônibus de alguns times quando estes saíam para jogar em outros locais, ficou arrasado quando viu os estragos. Ele denunciou o acontecido à administração da escola, que ao longo das três semanas seguintes procurou apurar quem tinha danificado o veículo do Sr. Jacks.

Por fim o Sr. Jack soube o nome dos seis rapazes responsáveis pelo vandalismo. Depois de negar, os meninos por fim admitiram o que tinham feito e foram informados que o crime demandaria envolvimento da polícia. O caso foi levado a um programa vítima-ofensor e os facilitadores se encontraram com o Sr. Jacks. Ele estava muito relutante e não queria se encontrar com os meninos, pois acreditava que sua caminhonete fora alvo dos estragos em represália por algo que ele teria feito ao dirigir o ônibus dos esportistas. Porém, admitiu que não conhecia os seis rapazes pessoalmente, e não tinha motivo para pensar que eles tivessem escolhido seu veículo de propósito. Mesmo assim, não conseguia imaginar nenhum outro motivo por que eles teriam danificado seu veículo. Por fim concordou em se encontrar com os jovens, se o filho dele pudesse participar do encontro como pessoa de apoio.

Nesse meio tempo, foram realizados encontros com os seis rapazes e seus pais, inclusive padrastos e madrastas casados com os pais naturais, e que culpavam os outros, que tinham a guarda legal, pelo comportamento dos filhos. Os rapazes estavam visivelmente envergonhados, porque reconheciam que tinham feito uma estupidez. Concordaram em encontrar o Sr. Jacks para assegurá-lo de que o vandalismo não tinha conotação pessoal e que pagariam pelos vidros quebrados.

Combinaram também que o assistente do diretor, o conselheiro do grêmio estudantil (um dos meninos era presidente do grêmio) e o técnico de beisebol estariam presentes para dar testemunho de que os rapazes estavam se responsabilizando pelo ocorrido depois de terem inicialmente negado seu envolvimento. O Sr. Jacks concordou que estas pessoas estivessem presentes, junto com seu filho.

O encontro de duas horas permitiu que todos os participantes conversassem sobre o ocorrido. Foi importante para o Sr. Jacks e seu filho saberem que aquele tinha sido, de fato, um ato aleatório e que os meninos não sabiam que a caminhonete era dele. O Sr. Jacks ficou especialmente interessado em ouvir dos outros participantes que castigos eles tinham recebido em casa e na escola decorrentes de seus atos. Reconheceu que era importante que os meninos tivessem acompanhamento e apoio durante uma época em que estavam propensos a ter comportamentos "infantis e impensados", que obviamente poderiam levar a problemas ainda mais sérios no futuro.

Não deixando de minimizar as escolhas erradas feitas por seu filho, um pai concordou que ele e sua ex-mulher, que também estava presente ao encontro, precisavam ser mais respeitosos um com o outro ao invés de sempre culpar o outro pelas escolhas do filho. Concordaram que a terapia familiar (incluindo os cônjuges atuais) seria útil como próximo passo na melhoria das relações familiares.

Os funcionários da escola reconheceram a importância de sua participação. Ficaram desapontados porque os meninos não tinham admitido francamente seu envolvimento no caso até que as testemunhas começaram a aparecer e falar. Vê-los assumir a responsabilidade e concordar em aceitar as consequências de seus atos, inclusive a obrigação de falar com seus colegas de classe e time sobre o que tinha acontecido, lhes deram esperanças de que aquilo não aconteceria de novo. O processo permitiu às autoridades escolares acolher os meninos de volta à comunidade escolar e ao time de beisebol.

* * *

QUAL A ESTRUTURA ORGANIZACIONAL DO PROGRAMA?

No início dos anos 1980, a maioria dos programas que surgiram era de entidades sem fins lucrativos de base comunitária, muitas vezes com forte apoio de instituições religiosas. Embora muitos programas ainda se configurem segundo esse modelo, outros estão sendo criados e operam em outras bases, tal como o sistema judicial. Um dos motivos para lançar bases no judiciário (por exemplo, serviços de livramento condicional) talvez seja a carência financeira. Além disso, começar um programa dentro do sistema de livramento condicional poderá inspirar mais confiança por parte dos juízes e evitar as questões de credibilidade, que os programas de base comunitária precisam conquistar.

> Um programa com base em um departamento de livramento condicional pode ser visto como parcial pela comunidade da vítima.

Por outro lado, há algumas preocupações a serem consideradas quando criamos um programa dentro do sistema judicial. Este pode ter objetivos diferentes daqueles estabelecidos pelo programa. Pode ter foco nos ofensores mais do que nas vítimas, ou priorizar a obtenção e recolhimento de indenizações. Estas são, sem dúvida, importantes para a vítima, porém muitas vezes acabam obliterando a ênfase em compreender outras necessidades que a vítima gostaria de trazer para o processo.

Outra preocupação é que um programa com base no sistema de livramento condicional poderá ser visto pela comunidade da vítima como parcial. Tendo em vista que os encaminhamentos para a maioria dos programas vêm do sistema judicial, as vítimas muitas vezes sentem que esses programas vítima-ofensor são simplesmente agentes do sistema, mesmo quando têm sede na comunidade. Se o programa estiver baseado no sistema judicial, essa percepção será reforçada.

As vantagens dos programas com base comunitária são, entre outras, a de ter liberdade para: estabelecer seus próprios critérios; recusar casos; e tratar certas informações como confidenciais – algo que pode ser difícil quando se está dentro do sistema judicial.

Talvez o financiamento pareça mais estável se o programa estiver abrigado pelo sistema judicial, e isso eliminaria o esforço continuado de levantar fundos e lidar com certos problemas administrativos. Contudo, a realidade é que esses programas são de ordem secundária dentro do sistema judicial e se tornam passíveis de corte de verbas.

QUEM FARÁ A SUPERVISÃO DO PROGRAMA?

É de vital importância que um grupo de pessoas que representam os interessados dentro da comunidade ofereça a base organizacional para os esforços iniciais e, também, suporte contínuo para o desenvolvimento do programa. Uma crítica feita pelos defensores de vítimas é que elas são convidadas a participar depois que o programa foi implementado, mas não são incluídas na fase inicial de implementação.

Se o programa deve servir a todos dentro da comunidade, então o grupo fundador precisa incluir representantes de todos os diversos integrantes seus, tais como grupos de defensores de vítimas, diretores de organizações que trabalham com violência doméstica e estupro, chefes dos serviços de livramento condicional, juízes, advogados de defesa, promotores e policiais. Este grupo será fundamental para tomar decisões pertinentes à base organizacional do programa, sua implementação e planejamento estratégico de longo prazo.

QUEM FACILITARÁ OS ENCONTROS?

A maioria dos programas utiliza voluntários da comunidade capacitados para serem facilitadores, embora alguns programas utilizem apenas funcionários formados. Há inúmeras vantagens em valer-se de voluntários da comunidade que foram treinados para a função. Ainda que seja mais fácil contratar um profissional formado – algo que permite maior flexibilidade no agendamento de encontros entre os participantes –, o uso de voluntários reforça a necessidade de envolvimento da comunidade na questão do crime.

Ter voluntários da comunidade como facilitadores também permite que vítimas e ofensores se sintam apoiados por sua comunidade. Estes voluntários têm um interesse no resultado do processo, uma motivação diferente daquela dos funcionários do sistema. Estes são vistos com desconfiança pelas vítimas e/ou ofensores, ao passo que os voluntários da comunidade são vistos como pessoas que têm vontade de fortalecer os vínculos comunitários.

> Os voluntários da comunidade são vistos como tendo uma preocupação básica em fortalecer os vínculos comunitários.

Não quero diminuir a importância daqueles que trabalham no sistema judiciário, já que muitos escolhem participar do programa justamente porque acreditam nos benefícios dos encontros vítima-ofensor. No entanto, é importante estar consciente das percepções do público em relação aos facilitadores profissionais e tratar essa questão já na fase de implementação.

COMO SERÃO CAPACITADOS E SUPERVISIONADOS OS FACILITADORES?

Há permanente diálogo dentro da área de justiça restaurativa sobre o que deve ser oferecido na capacitação, qual a sua duração e qual o melhor modelo de treinamento.

Mesmo não havendo uma capacitação padrão para certificação, a Victim Offender Mediation Association (VOMA), uma associação internacional, tem oferecido há alguns anos uma capacitação básica de 24 horas para mediadores de encontros vítima-ofensor durante seus congressos anuais. O curso inclui: uma introdução à filosofia e estrutura da justiça restaurativa; sensibilização e conscientização sobre as questões ligadas à condição de vítima e ofensor; riscos e benefícios da mediação vítima-ofensor; habilidades de comunicação e de resolução não violenta de conflitos; o papel do mediador; e uma introdução ao processo de diálogo entre vítimas e ofensores. A VOMA também mantém um banco de dados de formadores que podem servir como mediadores.

Os programas vítima-ofensor em geral oferecem uma capacitação de 9 a 40 horas para voluntários. Muitas vezes a duração do curso é determinada segundo o nível de experiência do facilitador, a existência ou não de treinamento interno continuado, bem como circunstâncias de disponibilidade de tempo e recursos financeiros. Alguns estados impõem exigências para a certificação de mediadores e podem ditar o número de horas requerido.

Dado que verbas e manutenção de funcionários são desafios constantes para a maioria dos programas comunitários de mediação, muitas destas organizações estão se juntando para utilizar os mesmos voluntários. Existe semelhança entre os programas, mas é preciso reconhecer suas diferenças. Algumas ficam evidentes na linguagem utilizada. Por exemplo, na mediação comunitária os participantes são chamados de "adversários". Nos programas de encontro vítima-ofensor chamar o crime de "disputa" seria inapropriado e ofensivo para a vítima.

QUAL O PAPEL DO FACILITADOR?

O facilitador tem um papel vital no processo de encontro vítima-ofensor. Além de estar alerta para detectar questões não manifestas, deve construir confiança entre os participantes e criar um espaço seguro para eles, guiar todo o processo e cuidar para que os acordos sejam realistas e apropriados.

O facilitador não é um juiz ou árbitro que impõe um acordo. Ao contrário, ele trabalha para criar um espaço onde os participantes consigam chegar a um consenso. O facilitador não deve escolher um dos lados nem mostrar suas preferências. O campo da mediação às vezes se refere à "neutralidade" do facilitador. Contudo, muitos casos de encontro vítima-ofensor envolvem situações em que uma parte claramente prejudicou a outra, e ninguém pode ou deve ter neutralidade nessa situação. Dave Gustafson, pioneiro no trabalho de diálogo em casos de violência grave, diz que tal facilitação exige "parcialidade equilibrada" em vez de neutralidade.

A VOMA desenvolveu uma lista de Orientações Éticas Recomendadas para ajudar os facilitadores a suprir as necessidades de todos os participantes.[20] Um dos princípios preconizados é o de oferecer "uma estrutura apropriada (e.g. facilitação por terceiro neutro, diretrizes procedimentais e um plano intencional de posicionamento dos participantes) que neutralize desigualdades de poder e status social oferecendo um ambiente favorável ao diálogo significativo, mesmo em contextos de intensa emoção."[21]

Tais diretrizes podem não ser relevantes em certos contextos culturais, mas sempre ajudam a facilitar os processos entre vítimas e

> O facilitador se esforça para criar um espaço onde os participantes possam chegar a um consenso.

ofensores, e oferecem dicas importantes de facilitação para dar início a um processo de encontro entre eles. Os valores do Capítulo 1 são fundamentais para o papel desempenhado pelo facilitador.

VANTAGENS E DESVANTAGENS DA COFACILITAÇÃO

A cofacilitação traz consigo as vantagens de ter um outro par de olhos e ouvidos, algo que com frequência se faz muito necessário. Em especial quando um encontro envolve grande número de participantes, é útil ter um facilitador para guiar o processo e outro para observar a reação de cada participante. Os cofacilitadores trabalham em equipe para planejar o processo do encontro e também refletem juntos sobre o resultado final trocando impressões sobre o encontro. A cofacilitação é usada muitas vezes para que um facilitador menos experiente observe o outro com mais experiência antes de começar a atuar sozinho. É de grande ajuda para equilibrar questões de gênero, idade, etnia ou outras questões sensíveis na dinâmica do grupo.

Contudo, há desvantagens. Encontrar agenda para os encontros pode ficar difícil à medida que o número de participantes cresce. Por vezes o relacionamento entre cofacilitadores sofre pela falta de sintonia. Espera-se que esta condição também se torne motivo de aprendizado no momento de refletir sobre o encontro depois de sua conclusão. Outra desvantagem da cofacilitação é a falta de voluntários, o que obriga alguns programas a usar o modelo de mediador único.

Os casos que envolvem crimes de violência grave quase sempre empregam cofacilitação em função da natureza e gravidade do dano causado. Tais casos serão abordados mais adiante, no Capítulo 5.

QUEM ENTRA EM CONTATO COM AS VÍTIMAS E OS OFENSORES?

Nos primórdios dos EVO, os facilitadores faziam todos os contatos com vítimas e ofensores. Acreditava-se que esses contatos iniciais ajudavam a construir algum grau de confiança, elemento fundamental no processo. Muitos programas continuam funcionando assim, e os facilitadores fazem os telefonemas iniciais, mas isso depois de enviar um folheto explicando a natureza do programa e uma carta informando que um facilitador entrará em contato.

Os primeiros telefonemas para a vítima e o ofensor em geral são difíceis, e muitos voluntários não se sentem aptos a responder a algumas das perguntas que surgem nessas conversas. Por esse motivo, certos programas deixam estes telefonemas a cargo de um funcionário do projeto a fim de garantir que haja concordância em participar do encontro. Em seguida, o facilitador dá seguimento para marcar a data do encontro.

Um terceiro modo de proceder utilizado em alguns programas é o seguinte: um funcionário faz o primeiro contato e depois agenda o encontro. Na sequência escolhe-se um facilitador que tenha disponibilidade naquela data e hora. Programas com grande número de casos preferem que um funcionário faça as primeiras reuniões com vítima e ofensor em separado, e trazem o facilitador apenas para o dia do encontro entre eles. Embora essa abordagem possa ocasionar alguns problemas, muitos entendem que é eficiente para lidar com volume grande de casos, especialmente de infrações menos graves.

COMO SERÁ TRATADA A CONFIDENCIALIDADE?

Esta é uma questão complexa que exige atenção cuidadosa a fim de salvaguardar a confiança no processo. Em geral pede-se que os facilitadores mantenham total confidencialidade, salvo nos casos especificados em lei. Por exemplo, nos Estados Unidos, um oficial de condicional que é também facilitador comunitário em casos de terceiros está obrigado por lei a informar se um infrator, durante a mediação, admite ter cometido outro crime.

A presunção de confidencialidade se estende a todos os participantes. Alguns programas pedem aos participantes que assinem um acordo pré-mediação que garante a confidencialidade, salvo no caso de o acordo final determinar em contrário. Alguns estados têm resoluções que protegem a confidencialidade do processo de mediação, o que levou alguns programas de EVO a adotarem a linguagem da mediação.

COMO MONITORAR O ACORDO?

É de vital importância que os acordos sejam monitorados quanto ao seu cumprimento. Em geral o programa vítima-ofensor cumpre essa função, em vez da fonte do encaminhamento, já que o acordo é criado dentro do processo de encontro vítima-ofensor. É raro o caso em que as fontes de encaminhamento disponham de recursos ou tenham a disposição de fazer este acompanhamento de modo eficaz. Acordos não supervisionados que são descumpridos minam a eficácia e o próprio objetivo dos encontros vítima-ofensor. O descumprimento faz com que as vítimas se sintam novamente vitimadas – e os ofensores saiam da situação sem se responsabilizar.

O acordo escrito contém instruções específicas sobre o modo como será cumprido, justamente para que os facilitadores possam verificar com facilidade. O acordo descreve quando e como serão feitos os pagamentos. Os funcionários do programa entram em contato regularmente com vítimas e ofensores para ter certeza de que os acordos estão sendo cumpridos. Algumas vezes os participantes precisam de um novo encontro caso os termos ou os prazos do acordo devam ser renegociados. Alguns programas convidam os participantes a se reunirem novamente após a conclusão do acordo para um breve ritual de fechamento a fim de selar esse último passo.

O QUE ACONTECE QUANDO O ENCONTRO VÍTIMA-OFENSOR NÃO OCORRE OU QUANDO OS ACORDOS NÃO SÃO CUMPRIDOS?

Quando um participante decide não ir ao encontro, em geral o caso volta para a fonte de encaminhamento com uma carta explicando que o encontro não ocorrerá. Como o processo é voluntário, não é necessário informar o motivo da negativa, salvo nos casos em que esta informação for importante para os próximos passos. Dado que um bom resultado pode advir por outros meios além do encontro presencial, é importante determinar que outras vias podem ser adotadas para beneficiar vítima e ofensor. Que outras necessidades da vítima e do ofensor podem ser atendidas pela facilitação do programa?

Se houve o encontro, mas o acordo não está sendo cumprido, é importante manter a vítima informada. Os participantes talvez precisem se encontrar novamente para falar sobre os próximos passos a serem tomados. Também é importante manter a fonte do encaminhamento ciente da evolução e mudanças no acordo.

Felizmente, a experiência mostra que a maior parte dos encontros produz um acordo. Além disso, a proporção de acordos de restituição efetivamente cumpridos em geral é bem mais alta do que no caso das indenizações impostas por um juiz.

COMO SERÃO FEITOS OS ACORDOS QUE ENVOLVEM PAGAMENTO EM DINHEIRO ÀS VÍTIMAS?

Esse procedimento varia de programa para programa e depende da criatividade de todos os envolvidos. Compensações monetárias podem ir diretamente para a vítima, com a devida documentação, e podem acontecer durante o encontro. Alguns programas recebem o dinheiro e o depositam para a vítima segundo uma programação previamente combinada. Muitas vezes, quando o oficial de condicional é a fonte do encaminhamento, o dinheiro passa pelo Departamento de Livramento Condicional para ser devidamente documentado e em seguida é depositado para a vítima. O importante é que o procedimento de pagamento esteja claro para que os participantes saibam como ocorrerá.

TODAS AS INDENIZAÇÕES SÃO MONETÁRIAS?

É importante reconhecer que muitas vezes a indenização será simbólica, mas jamais compensará o senso de violação que as vítimas sentem. Dito isto, as vítimas muitas vezes descobrem que há meios de o ofensor devolver uma parte do que lhes foi tirado. Não raro a vítima escolhe que o ofensor realize algum trabalho para si ou para a comunidade. Acordos comportamentais podem ser parte do acordo de restituição, nos casos em que havia um relacionamento entre ambos antes da infração. Em todo caso, a equipe do programa precisa orientar os termos do acordo e especificar como será monitorado e supervisionado o cumprimento do combinado.

QUE RELATÓRIOS SERÃO GERADOS E PARA QUEM SERÃO ENVIADOS?

Em geral a fonte de encaminhamento recebe uma cópia do acordo escrito. Ali consta claramente que o ofensor/infrator reconhece o dano/mal causado e todos os detalhes específicos do acordo. Todas as anotações que o facilitador tenha feito durante os encontros são destruídas para garantir a confidencialidade.

Essas são algumas das questões a considerar quando se implementa um programa vítima-ofensor. Ainda que haja semelhanças muito gerais entre os programas no tocante ao modo como funcionam, as diferenças emergem em função da forma como essas questões são tratadas.

OS ENCONTROS VÍTIMA-OFENSOR EM CASOS DE CRIME VIOLENTO GRAVE

*H*á sete meses eu vinha participando dos encontros de preparação. Foi um processo longo. Na última conversa antes do encontro com ele, pensei: "Será que vou me jogar por cima da mesa e estrangulá-lo, ou será que vou estar calma e contida?". Momentos antes de sair para o encontro, fiquei nervosa. Por que estava fazendo aquilo? Me vi indo encarar alguém que tinha matado minha mãe, uma mãe que nunca tive a chance de conhecer.

De início não consegui olhar para ele, pois não sabia como reagir. Estava para lá de nervosa. Em pânico. Que estupidez foi essa de achar que conseguiria estar cara a cara com ele? Inacreditável que eu – a que tinha sobrevivido – achava difícil olhar na cara dele! Não sei por quê! Talvez por medo da minha reação – eu sabia do que era capaz. Mas queria que algo mudasse, queria uma virada boa.

Quando entrei na sala onde ele estava, não foi tão ruim como tinha imaginado. Quando finalmente olhei para ele, sabia que era uma pessoa que tinha cometido um ato brutal. Mas, por outro lado, quando finalmente olhei para ele, o contato se tornou mais fácil e leve.

Se eu estivesse vingativa, seria mais fácil dizer "Como pôde fazer uma coisa dessas?". Mas não era esse o meu estado de espírito. Estava mais calma do que esperava e chorei menos do que imaginei. Pensei que encontraria alguém que não dava a mínima e não sentia remorso pelo que tinha feito. Pensei que ele estaria "distante" porque ele era criança quando isso aconteceu e poderia ter esquecido tudo e tirado aquilo da cabeça. Mas na verdade ele foi muito compreensivo e compassivo.

A conversa foi caminhando e começamos a nos conhecer melhor e saber sobre a família um do outro. Levei algumas fotos para que ele visse como vivíamos através das imagens de minha mãe, seus filhos, a família. Eu o odiara praticamente minha vida inteira, e decidi falar com ele para me livrar do desejo de vingança. Queria que ele soubesse que tinha me privado de algo que nunca tive a oportunidade de vivenciar. Ele me privou, e a toda a minha família, do amor de minha mãe. Não posso culpá-lo pelas escolhas que eu fiz na vida, mas ele errou ao fazer as escolhas dele. Queria que ele aceitasse a responsabilidade e o papel que teve no assassinato de uma mulher que não conhecia.

Quando fui embora, senti que uma carga tinha sido tirada de meus ombros. O vazio fora preenchido, a raiva tinha diminuído. Ainda me sentia mal por minha mãe ter sido assassinada, mas tivera a oportunidade de falar com alguém que sabia como tinha acontecido. Se você entra nesse encontro pensando em vingança, não consegue nada, pois a vingança tampa seus olhos. É preciso estar disposto a ouvir o que aquela pessoa diz, e não apenas o que você diz.

A parte mais dura da conversa foi quando ele descreveu o assassinato – o que fez e como. Ninguém jamais tinha me contado e agora eu me vi falando com alguém que presenciara tudo. Só ele podia me contar a verdade, e acreditei no que me disse. Ele admitiu tudo. Quando saí de lá, foi uma libertação. Cheguei pensando que estava ali para fazer algo por mim mesma, mas percebi que tinha feito algo por ele também.[22]

* * *

A história de Shonna Robinson ilustra o poder e a complexidade de usar o encontro vítima-ofensor em casos de violência grave, como no caso de homicídio. É evidente que, ao menos para algumas pessoas, tal encontro com o "outro" oferece muitos benefícios. Contudo, a facilitação desses encontros requer treinamento especial, preparação e salvaguardas para lidar com tamanha intensidade de dano e trauma.

Diálogos entre vítimas e ofensores de crimes graves – homicídio, tentativa de homicídio, abuso sexual, estupro, assalto a mão armada e outras violências graves – têm sido realizados de modo formal e institucional desde 1993 nos Estados Unidos e Canadá, graças aos esforços do programa Victim Offender Mediation Program of Community Justice Initiatives, de Langley, na Colúmbia Britânica, onde iniciativas da mesma natureza existem há mais tempo ainda. Quando este livro estava sendo escrito, havia 21 estados norte-americanos e também várias províncias canadenses com programas desse tipo – o número está sempre crescendo.

> Facilitar encontros vítima-ofensor em casos de violência grave exige treinamento especial, preparação e salvaguardas.

A maior parte dos diálogos acontece dentro de uma instituição correcional, pois os autores desse tipo de crime em geral cumprem penas longas, até mesmo prisão perpétua.

Hoje, a maioria dos programas exige que a vítima dê início ao processo, ao invés do infrator. Contudo, no Canadá temos notícia de vários casos iniciados por instituições.

Muitos programas que facilitam diálogos em casos de violência grave têm filas de espera, e as vítimas e/ou sobreviventes procuram cada vez mais ter a oportunidade de um encontro com a pessoa que lhes fez mal ou a um ente querido. Vítimas e sobreviventes apresentam várias justificativas para querer participar de tais programas. Um estudo de quatro anos sobre os programas de encontros em casos de violência grave mostrou que os quatro motivos mais comuns que levam a vítima a querer participar são:

- busca de informações;
- mostrar ao infrator qual foi o impacto de seus atos;
- ter algum tipo de contato humano com a pessoa que cometeu o crime;
- acelerar o processo de cura do trauma.[23]

A participação é voluntária por parte do infrator, mas muitos concordam em comparecer ao encontro. Nesse mesmo estudo, os autores de crimes deram as seguintes justificativas para participar:

- se desculpar;
- ajudar as vítimas a se recuperarem;
- contribuir com sua própria reabilitação e cura;
- mudar o modo como as vítimas os veem.[24]

CARACTERÍSTICAS ÚNICAS DOS ENCONTROS VÍTIMA-OFENSOR EM CASOS DE VIOLÊNCIA GRAVE

Os encontros dessa natureza diferem dos encontros vítima-ofensor normais pelas seguintes razões:

1. **A preparação nestes casos é significativamente mais longa e intensiva.**

   Esta preparação meticulosa pode levar de seis meses a dois anos e é um fator de vital importância no processo. Os facilitadores se encontram muitas vezes com vítimas e ofensores antes de tomar a decisão de realizar o encontro entre eles.

   A extrema intensidade emocional de vítimas, infratores, apoiadores e facilitadores no período de preparação e também durante o encontro presencial (se houver) requer preparação adequada e apoio para todos os envolvidos.

   Por outro lado, nos casos advindos da comunidade, é preciso ter um tempo mais abreviado para a resolução devido às questões jurídicas envolvidas, inclusive acordos de indenização e adjudicação, sentenciamento, liberdade condicional e outras. Nesses casos, em geral as vítimas desejam que se chegue a uma resolução o quanto antes.

2. **Quem dá início ao processo é a vítima.**

   Nos casos de crimes que envolvem violência grave, a iniciativa parte da vítima e o processo começa anos após o sentenciamento – portanto, não influencia em nada o processo judicial. Em geral os criminosos estão aprisionados quando as vítimas entram em contato com o programa e, embora possa haver apelações em andamento, os casos prosseguem, estando a vítima sempre bem informada sobre qualquer recurso.

3. **Treinamento avançado para os facilitadores é essencial.**

O treinamento deve ir além da mecânica tradicional do modelo comunitário de encontro vítima-ofensor para incluir a compreensão plena do trauma psicológico gerado pelo crime, bem como da experiência de criminosos/encarcerados. O treinamento tradicional para facilitar encontros vítima-ofensor não é exigido nos casos de facilitadores para casos de violência grave.

4. **O trabalho com autoridades prisionais implica maior complexidade.**

Visto que a maior parte dos encontros acontece dentro da prisão, é essencial manter um bom relacionamento com os departamentos governamentais do sistema judiciário, especialmente nas unidades correcionais. Por isso, muitos programas de diálogo para casos de violência grave são operados por organizações de apoio a vítimas ligadas ao sistema judiciário.

5. **Em geral os facilitadores são funcionários treinados e não voluntários.**

Os facilitadores contratados têm uma sólida formação em questões de tratamento de criminosos e recuperação de trauma das vítimas. Isso é especialmente válido para os programas com orientação terapêutica, que oferecem acompanhamento intensivo e de longo prazo para vítimas e seus familiares. No entanto, alguns programas utilizam voluntários com bons resultados. Outros utilizam recursos institucionais ou comunitários para oferecer cuidados prolongados.

MODELOS DE PROGRAMA

A maior parte dos programas segue um destes três modelos:

1. **O modelo terapêutico** se concentra no processo de cura e utiliza facilitadores altamente treinados. O programa do Texas, por exemplo, vale-se desta abordagem para "oferecer às vítimas de crimes violentos a oportunidade de ter um encontro presencial com o criminoso num ambiente seguro, a fim de facilitar sua recuperação e a cura do trauma".[25] Esse tipo de programa requer preparação demorada de vítimas e infratores, incluindo vários exercícios de registro escrito para auxiliar os participantes no processo de recuperação. O seguimento pós-mediação é extenso e continuado, e os facilitadores mantêm contato com alguns participantes por meses ou anos após a mediação. Muitas vezes não é possível prever quando um caso será encerrado. Apesar de o programa do Texas ter treinado voluntários da comunidade, muitos casos são complementados por um funcionário que atua como facilitador único, ao contrário de outros programas que utilizam o modelo de cofacilitação.

2. **O modelo narrativo ou de contação de histórias** convida cada participante a falar sobre o impacto do crime. A narrativa é determinada exclusivamente pelos participantes, com um pouco de ajuda dos facilitadores. O foco do encontro presencial é dar aos participantes a oportunidade de travar diálogo em um ambiente seguro e respeitoso. Tais programas cuidam para criar um processo seguro em que vítimas e infratores se sintam

apoiados, no entanto, dedicam-se menos às dimensões terapêuticas.

3. **O modelo de empoderamento** enfatiza a importância da motivação dos participantes para entrarem em diálogo.

Nos programas de encontro vítima-ofensor de Ohio e da Pensilvânia, por exemplo, o foco recai no empoderamento de vítimas e ofensores através da identificação de suas necessidades e do processo para atendê-las. Nesses programas, a meta do diálogo não é curar traumas ou fazer cessar o luto, mas ajudar os participantes a tomarem as medidas necessárias para chegar à recuperação ou à cura.[26]

Nenhum desses modelos é "mais correto" que os outros. À medida que mais estados e cidades implementam programas de diálogo para crimes de violência grave, todos eles ganham a oportunidade de aprender uns com os outros. O traço comum a todos é o compromisso de tornar o processo seguro e respeitoso de ambas as partes: vítima e infrator. Todos procuram beneficiar vítimas e ofensores sem coagir nenhum deles.

Uma senhora conta como foi seu encontro com o homem que a estuprou 24 anos antes:

Minha esperança era encontrar um lugar para processar meus sentimentos, que tinham ficado enterrados por 24 anos. Quando fui estuprada, estava grata por ter saído da experiência com vida; voltei para a faculdade, dei seguimento à minha vida e nunca lidei com o trauma. Agora sentia que precisava respostas para o que me parecia uma corrente infindável de perguntas. Também queria dizer ao estuprador que o tinha perdoado.

A certa altura do processo pedi para ver uma foto recente do criminoso, pois nunca soube ao certo se tinha visto seu rosto aquela noite. Quando vi a foto, a atirei sobre a mesa de centro, invadida por terror e nojo. Era o rosto do "monstro escondido no meu armário" durante 24 anos. Naquele momento, quis jamais vê-lo de novo. Por fim, olhei para a foto novamente pelo canto do olho, e vi um ponto de luz bem no fundo de seus olhos.

A primeira vez que meu marido e eu o encontramos foi boa. Progredimos muito, ainda que a atmosfera estivesse meio estranha. Quando fomos embora naquele dia, depois de um encontro de 3 horas, me senti muito feliz, mas também meio confusa. Por algum motivo, tive a sensação de que ele na verdade não queria estar ali. Mas durante a preparação para o encontro, ele tinha dado todos os sinais de que estava disposto a participar.

Uma semana mais tarde, soubemos que ele estava muito doente na ocasião, e que tinha sido internado no dia seguinte. Pedi um segundo encontro para terminarmos o que eu/nós tínhamos começado.

Terminei de perguntar todas as minhas questões e ouvir todas as respostas. Desta vez partilhei o que realmente sentia, a dor e a luta que esse crime tinha provocado. Me senti na obrigação de fazer isto para que ele ouvisse de mim, a vítima, a realidade do que uma violação desse tipo faz com uma mulher. Ele ouviu e chorou. Me ouviu e validou meus sentimentos. Ele compreendeu. Até conseguimos rir em alguns momentos. Não poderia ter sido um encontro melhor.

Agora me sinto uma borboleta que saiu do casulo depois de 24 anos de clausura. Não tenho tanta necessidade de sono e sinto mais energia. Dou risada e sorrio com mais facilidade.

Tenho menos medo. Minha paz de espírito aumentou e tenho menos culpas imaginadas. Não tenho mais o hábito de questionar tudo o que faço. O poder e o controle que me foram roubados há 24 anos me foram devolvidos pelo mesmo homem que os tomou. Não sei se os outros notam essas mudanças, mas eu e meu marido percebemos.[27]

* * *

Reunir vítimas e autores de crimes de violência grave é uma tarefa que não se deve assumir irresponsavelmente. É grande o risco de novo trauma para vítimas e sobreviventes, como também há risco de forte impacto emocional nos infratores, que podem estar encarando as consequências de seus atos pela primeira vez na vida. Como pesquisador e profissional do ramo, Mark Umbreit salienta que ainda há muito que aprender nesse campo, mas que as experiências até o momento têm sido promissoras.

Os encontros vítima-ofensor no contexto mais amplo da justiça restaurativa

Os encontros vítima-ofensor são parte do contexto mais amplo da justiça restaurativa. Os vários encontros para diálogo descritos no Capítulo 1 também fazem parte desse campo, que inclui ainda outros modelos. A justiça restaurativa é uma filosofia ampla, ou uma estrutura para compreender e tratar de transgressões. Este capítulo descreve resumidamente o conceito de justiça restaurativa.

Não há uma definição estabelecida para justiça restaurativa. Aliás, nem todos os profissionais desse ramo concordam que deva haver uma definição. Alguns argumentam que uma definição muito estrita poderia limitar as possibilidades de atuação. Outros dizem que uma definição é necessária para distinguir as ações da justiça restaurativa das de outras práticas que adotam esse rótulo, mas que na realidade têm abordagens contrárias aos princípios da justiça restaurativa.

Contudo, há um consenso geral sobre os pressupostos básicos da justiça restaurativa. Um deles é a importância de atender às necessidades daqueles que foram mais afetados pelo crime, necessidades que muitas vezes não são contempladas pelo processo judicial tradicional. A justiça restaurativa defende a posição de que o papel daqueles que não participam do processo judicial (vítimas, ofensores e membros da comunidade) deve ser ampliado para que as carências dos envolvidos sejam atendidas.

Três pressupostos ou conceitos básicos, que têm origem em muitas tradições culturais e espirituais, constituem o fundamento da filosofia e da prática da justiça restaurativa. São eles:
1. O crime é uma violação de pessoas e relacionamentos interpessoais.
2. A violação cria obrigações.
3. A obrigação principal é reparar os danos.[28]

Tais pressupostos levam a três princípios básicos:
1. **A justiça restaurativa tem por foco os danos** e não as leis ou regras infringidas. Isso significa que o dano causado às vítimas e as suas necessidades devem ser o centro do processo de justiça restaurativa.
2. **A transgressão e os danos criam obrigações.** Os processos que levam à responsabilização devem ajudar os ofensores a compreender e a assumir a responsabilidade pelo dano que causaram. Mesmo sendo a obrigação primária do ofensor, a comunidade também pode ter responsabilidade.
3. **A justiça restaurativa promove envolvimento e participação.** Isso inclui aqueles que sofreram danos e os que cometeram atos lesivos, inclusive membros da comunidade.[29]

A decisão sobre quais participantes envolver no processo é um elemento importante da justiça restaurativa. Embora o sistema judicial seja um dos interessados, a vítima, o transgressor e a comunidade também deveriam participar do processo. Idealmente, a justiça não é algo que se impõe a uma pessoa, mas um esforço colaborativo de todos os envolvidos. A definição a seguir pode ser vista como um ponto de partida para a discussão:

> Justiça restaurativa é uma abordagem (...) que envolve, tanto quanto possível, todos aqueles que têm interesse numa ofensa ou dano específico, num processo que coletivamente identifica e trata os danos, necessidades e obrigações decorrentes do crime, a fim de restabelecer as pessoas e endireitar as coisas na medida do possível.[30]

No entanto, as definições são um risco. Um profissional da justiça restaurativa, membro das Primeiras Nações do Canadá, Val Napoleon, questiona: "Quem decide o que é justiça restaurativa e quais as consequências dessas definições?".[31] Será que esta definição contém pressupostos eurocêntricos subjacentes? Napoleon recomenda que os profissionais de justiça restaurativa mantenham "uma perspectiva dual para ver o âmbito pessoal dentro do político e o individual dentro do coletivo".[32] Em outras palavras, é fundamental lembrar que nem todos partilham dos valores norte-americanos do individualismo e que, para alguns, as necessidades e danos da comunidade mais ampla são tão importantes como as necessidades individuais.

> A justiça não é algo que é imposto a alguém, mas um esforço colaborativo de todos os envolvidos.

Além desses princípios, é importante pensar na justiça restaurativa em termos de valores que promovem a integridade dos relacionamentos e ligações humanas entre indivíduos e dentro das comunidades às quais pertencem. Isso mostra que questões sociais mais amplas devem ser incluídas em qualquer processo de justiça restaurativa.

Os encontros vítima-ofensor são uma das aplicações mais conhecidas da justiça restaurativa. Alguns imaginam que as várias formas de encontro são a única aplicação da justiça restaurativa, já que, de fato, seus conceitos e sua linguagem nasceram inicialmente desses encontros.

Mas, se a justiça restaurativa tem validade universal, suas implicações devem se estender para além dos encontros vítima-ofensor e atingir a sociedade como um todo e também a vida do dia a dia. Os grupos de defesa de vítimas e ofensores têm perguntado como a justiça restaurativa pode tratar das necessidades tanto de vítimas como de ofensores de outras maneiras, além dos encontros vítima-ofensor. Tais vozes têm instigado os profissionais do ramo a olhar para as necessidades dos participantes – além de criar oportunidades de diálogo depois que o transgressor foi apreendido, condenado e preso.

Eric Gilman, coordenador de justiça restaurativa da vara de infância e juventude de Clark County, em Washington, articulou uma abordagem que beneficia a dinâmica dos encontros vítima-ofensor. Ele defende que o foco primário de qualquer programa é mais amplo do que incentivar vítimas a participar do processo de diálogo. Ou seja, o foco deveria estar na "comunidade que, assumindo um papel proativo, deve ir ao encontro dos indivíduos prejudicados pelo crime, de modo a significativamente cuidar de suas necessidades".[33]

Fica claro que o escopo da justiça restaurativa deve se estender para além dos diálogos presenciais, no entanto sem minimizar os óbvios benefícios que este processo proporciona. Esse debate deve ser ampliado para incluir uma definição mais abrangente do que seja "vítima" e "infrator", termos descritos no ordenamento jurídico através de parâmetros muito limitados. Por exemplo, uma definição mais ampla reconheceria que os ofensores muitas vezes são também vítimas.

O escopo mais amplo da justiça restaurativa também deve tratar de questões de poder. Dennis Sullivan e Larry Tifft exploram as implicações da justiça restaurativa para a vida social diária:

> Quando dizemos que atender às necessidades de todos e expandir nosso potencial coletivo é algo central aos princípios e práticas da justiça restaurativa, nos vemos de imediato frente a frente com questões de poder, pois a ética do poder justifica a satisfação das necessidades e a criação do bem-estar de alguns à custa de outros. O poder reflete uma ideologia de valores humanos desiguais, em que uma pessoa ou grupo se vê como tendo mais valor do que outros. Daí que ações empreendidas por motivos de poder – mesmo as supostamente reparadoras, que visam corrigir injustiças, dar voz ou atender necessidades – acabam por perpetuar a violência. Desafiam o espírito da justiça restaurativa por fomentar a cultura do privilégio e institucionalizar padrões de desigualdade. Fica claro, portanto, que, como proponentes da justiça restaurativa, somos chamados a examinar e a compreender os mecanismos do poder em todos os aspectos da nossa vida.[34]

O campo da justiça restaurativa encontra-se em uma encruzilhada neste momento em que amplia seu escopo de possibilidades, embora continue a reconhecer a importância das relações entre indivíduos dentro dos diversos grupos e comunidades.

BENEFÍCIOS E RISCOS DOS ENCONTROS VÍTIMA-OFENSOR

O presente capítulo explora em maior profundidade alguns dos benefícios e os riscos potenciais para os vários envolvidos no processo de encontro vítima-ofensor: vítimas, ofensores, comunidades e o sistema judicial.[35]

BENEFÍCIOS PARA AS VÍTIMAS

Nos EVO as vítimas encontram com seus ofensores e, ao fazê-lo, falam de seus sentimentos em relação ao crime. Talvez consigam obter respostas sobre o evento, respostas que não puderam obter através do processo judicial. Por que minha casa foi alvo de furto? O infrator tinha alguma coisa contra mim? E se eu estivesse em casa? Eles ficaram vigiando minha casa durante semanas antes de entrar para roubar? Tais perguntas são importantes para as vítimas. Os encontros vítima-ofensor muitas vezes trazem alívio das frustrações e reduzem o nível de ansiedade que as vítimas possam ter em relação à possibilidade de novas infrações no futuro.

Os encontros também abrem a possibilidade de as vítimas receberem restituição pelos danos sofridos. Conquanto a indenização total por todos os danos e males sofridos seja impossível, as vítimas entendem que mesmo uma compensação parcial é importante do ponto de vista simbólico. Os acordos de restituição ou indenização têm altos índices de cumprimento no âmbito da justiça restaurativa.

As vítimas que participam do processo de estabelecer a quantia e as datas de pagamento ganham um senso de empoderamento. Também é proveitoso para elas ouvir o ofensor reconhecer que cometeu a transgressão e expressar remorso.

Muitas vítimas passam por uma mudança de atitude em relação às punições e ao ofensor, pois aumenta sua compreensão de quem cometeu o crime, da natureza e das causas do crime; disso resulta um menor senso de alienação.

Sumário de pesquisa

Um grande estudo incluindo vários centros de Encontros Vítima-Ofensor mostrou que:

- As vítimas que participam de encontros presenciais têm maior probabilidade de manifestar satisfação com o processo judicial (79%) se comparadas às vítimas de crimes semelhantes que passam apenas pelo processo judicial tradicional (57%).

- 90% das vítimas se dizem satisfeitas com o processo de mediação.

- Depois de encontrar o ofensor, o medo das vítimas em relação a novas infrações diminui significativamente.

As vítimas que participam dos encontros expressam empoderamento; por exemplo: sentem-se envolvidos no processo judicial; podem dar voz a opiniões e emoções; vivenciam a cura emocional.[36]

RISCOS PARA AS VÍTIMAS

As vítimas por vezes sentem que prefeririam simplesmente esquecer o crime a ter de participar de um processo que levanta sentimentos dolorosos relacionados ao incidente. Algumas também podem se traumatizar ao ficar sabendo de informações relativas ao crime que somente o infrator poderia saber.

As vítimas podem ter expectativas pouco realistas sobre como o ofensor reagirá ao ouvir sua história. Embora o processo de EVO possa ser terapêutico para a vítima ou para o ofensor, não é uma terapia. As vítimas podem ficar frustradas se o ofensor parecer não compreender a dor e a angústia que sofreram.

> Embora o processo de EVO possa ser terapêutico para vítimas e ofensores, não é uma terapia.

As vítimas se arriscam a uma decepção nos casos em que o criminoso não quer ou não pode indenizar a contento, ou quando não cumpre os acordos, ou não consegue responder às suas perguntas.

BENEFÍCIOS PARA O OFENSOR

O sistema judicial tradicional raramente oferece aos criminosos a oportunidade de encarar o real custo humano dos atos cometidos. Um diálogo com a vítima ajuda os ofensores a compreenderem melhor as implicações de seu crime na vida diária da vítima.

Os encontros presenciais ajudam os ofensores a enxergar a vítima como uma pessoa de verdade. Por exemplo, aquele que furtou uma casa pode passar a entender o medo que a vítima e seus filhos sentem depois de terem sua privacidade invadida. Ou o ofensor pode descobrir que a pessoa que ele pensava ser rica na verdade tem necessidades parecidas com as suas.

Encontrar-se com a vítima e fazer reparações dá aos ofensores a oportunidade de "endireitar as coisas, na medida do possível". Alguns criminologistas mostram que muitos crimes nascem de sentimentos de rejeição vivenciados pelo ofensor. A rejeição continuada na forma do encarceramento e rotulação somente faz aumentar o problema. Raramente se dá ao criminoso a oportunidade de se reintegrar à comunidade.

Os EVO estimulam o ofensor a desempenhar um papel no tocante a seu futuro, ao invés de passivamente responder a decisões que foram tomadas por outros. Portanto, muitas vezes aumenta seu senso de empoderamento e compromisso, necessários ao cumprimento do acordo de restituição.

Por fim, os criminosos ganham a oportunidade de mostrar que são algo mais do que o crime que cometeram. Não são apenas "um monstro"; também são humanos. Mesmo que o processo reconheça que fizeram algo horrível, também mostra que o ofensor não é inerentemente mau.

RISCOS PARA OS OFENSORES

Em geral os ofensores têm medo de encarar a vítima, mesmo num ambiente controlado e seguro. Para muitos deles, negar a humanidade da vítima foi o que lhes permitiu cometer o crime. Sentar e ouvir a dor que ela sentiu devido a seus atos os coloca diante da faceta humana do crime. Isso é muito diferente – e em geral mais difícil – do que se sentar no tribunal sem jamais conversar com a vítima.

Os ofensores em geral têm medo de que a vítima se aproveite dessa oportunidade para se vingar. Temem que ela peça uma quantia exorbitante a título de indenização ou mesmo que faça ameaças físicas quando estiverem sentados numa mesma sala. Ainda quando têm certeza de que o processo oferece segurança pessoal, os ofensores acham muito difícil o encontro com a pessoa que prejudicaram.

Resumo das pesquisas

- 91% dos ofensores expressaram satisfação com o processo de mediação.

- Para os ofensores, contar à vítima o que aconteceu, pedir desculpas e pagar a indenização foram pontos importantes no processo de mediação.

- Os aspectos positivos, na visão dos ofensores, incluem: lidar com seus sentimentos; corrigir aquilo que fizeram; ver que a vítima mudou de atitude em relação ao ofensor; receber uma segunda chance; pedir desculpas; vivenciar a sessão de mediação como algo confortável.[37]

BENEFÍCIOS PARA A COMUNIDADE

Os programas de base comunitária empoderam as comunidades, que passam a resolver seus próprios problemas, revertendo a tendência a recorrer a terceiros para encontrar soluções. A maioria dos programas de EVO dependem de voluntários da comunidade para facilitar o processo e, cada vez mais, para apoiar os participantes no encontro.

O nível de medo da comunidade tende a diminuir quando seus membros participam da criação de um ambiente mais seguro e da redução de vários tipos de crime. As habilidades que os mediadores treinados aprenderam são úteis não apenas para resolver conflitos relacionados a crimes, mas também para conflitos em outras situações da vida. Isso pode ser especialmente benéfico nas comunidades onde vítimas e ofensores tendem a se encontrar repetidas vezes. Quanto mais a comunidade se envolver na solução, maior a probabilidade de se empenhar na manutenção de bons relacionamentos.

Outro benefício dos EVO é a redução da reincidência. Os ofensores podem evitar os efeitos danosos do encarceramento, que em geral os leva a cometer novos crimes. Além disso, como aprendem a ver suas vítimas como pessoas e a compreender os custos humanos do crime, estão menos propensos a delinquir novamente.

RISCOS PARA A COMUNIDADE

Alguns sistemas judiciais podem fazer um uso equivocado dos EVO como técnica para desviar os crimes do sistema judicial tradicional, já que é visto como um modo mais rápido e barato de resolver as questões. Neste caso, os EVO não estão a serviço da comunidade, mas do sistema.

Alguns membros da comunidade também podem ver os EVO como um processo muito benevolente em relação ao crime, pois pode "deixar o criminoso livre". Se a comunidade não receber informações sobre os benefícios e princípios dos EVO, ou se não estiver engajada no processo de criar e operacionalizar o programa, ele pode ser visto como uma saída fácil para o infrator.

Resumo das pesquisas

A maioria dos estudos de programas vítima-ofensor para menores infratores mostra que a reincidência diminuiu (em comparação ao grupo de controle) e que, mesmo entre os reincidentes, o segundo crime tende a ser menos grave que o primeiro.

> As pesquisas de opinião pública mostram de modo consistente que o público prefere punições que incentivam os infratores a indenizarem e a se responsabilizarem diante das vítimas e da comunidade.[38]

BENEFÍCIOS PARA O SISTEMA JUDICIAL

Os EVO reduzem a carga de trabalho de juízes e oficiais de condicional, uma vez que oferecem um mecanismo para estabelecer e quantificar as indenizações. Isso torna a opção dos acordos de restituição mais atraente ao sistema judicial, sem aumentar sua carga de trabalho. De quebra, a comunidade também se beneficia, pois os programas de EVO supervisionam e asseguram os acordos de indenização, assim poupando tempo e recursos do Estado.

Os EVO oferecem ainda um caminho para lidar com casos que muitas vezes são insolúveis pelo processo criminal, como as ofensas que envolvem conflitos entre vizinhos.

Por fim, um bom programa de EVO pode aumentar a credibilidade do sistema judicial perante as vítimas e a comunidade, além de apontar as necessidades das vítimas, dos ofensores e da comunidade e promover o envolvimento desta na compreensão e no apoio aos funcionários do judiciário.

RISCOS PARA O PROCESSO JUDICIÁRIO

Há o perigo de que os EVO se tornem meramente mais um programa a implementar se 1) ele for criado pelo sistema sem protagonismo da comunidade e 2) se não estiver incluído no contexto de uma reavaliação dos princípios e práticas de justiça dentro da comunidade. Sem esses cuidados, a criação de um programa de EVO pode aumentar a carga de trabalho do sistema.

Resumo das pesquisas

Uma revisão feita em 2007 examinou 36 estudos de várias partes do mundo comparando as abordagens de justiça restaurativa com o processo judicial tradicional. Os achados revelaram que:

- A justiça restaurativa reduz substancialmente a reincidência para alguns ofensores, embora não todos. Nenhum estudo indicou aumento da reincidência. Além disso, reduz a reincidência de crimes violentos de modo mais consistente do que a de crimes menos graves.

- Em média, as vítimas de crime que passam pelo sistema da justiça restaurativa tendem a lidar melhor com o trauma do que as que não passam. Isso se aplica a uma ampla gama de repercussões, inclusive estresse pós-traumático.

- A justiça restaurativa oferece tanto a vítimas quanto a infratores maior satisfação em relação à justiça.

- A justiça restaurativa tem uma taxa de cumprimento de acordos maior do que a obediência a medidas determinadas pelo juiz.

- Quando existe a opção de um processo de justiça restaurativa, muito mais transgressões podem ser tratadas. O desvio do processo tradicional para um processo de justiça restaurativa aumenta substancialmente a probabilidade de um ofensor ser responsabilizado.

- As evidências em favor da justiça restaurativa são muito mais extensas e positivas do que para muitas outras estratégias nacionais de justiça.

- Embora a justiça restaurativa não consiga reduzir a criminalidade, ela ajuda as vítimas, quesito em que abundam evidências a favor do seu emprego.[39]

As pesquisas sobre os EVO são muito promissoras. Os índices de satisfação de vítimas e ofensores que participam são altos. Os medos das vítimas diminuem, os ofensores compreendem melhor as consequências de seus atos e tanto uns quanto outros entendem-se melhor reciprocamente como indivíduos. A probabilidade de a vítima receber indenização é maior quando o acordo é celebrado num encontro vítima-ofensor.[40]

Para minimizar riscos, é vital que os programas de EVO estejam conscientes dos desafios e construam salvaguardas, entre as quais citamos duas: o monitoramento ativo dos acordos de indenização até seu pleno cumprimento; e a participação de vítimas e ofensores na supervisão dos programas de EVO e seus dirigentes a fim de que se mantenha a transparência e a responsabilidade em relação a quem servem.

PONTOS CRÍTICOS DOS ENCONTROS VÍTIMA-OFENSOR

Como vimos no Capítulo 7, as pesquisas sobre os benefícios dos EVO são promissoras. Contudo, há desafios e armadilhas no caminho. Qualquer intervenção é suscetível a consequências indesejadas – resultados imprevistos e não planejados. Todo o entusiasmo com os EVO deve ser pareado com atenção aos perigos e desafios do processo. A seguir exploraremos cinco desses desafios.

1. OS EVO PODEM SER VOLTADOS PARA O OFENSOR.

Em 1999-2000 profissionais da justiça restaurativa e defensores de vítimas promoveram um "Projeto de Escuta" para ouvir as preocupações dos grupos de apoio a vítimas quanto à justiça restaurativa.[41] Embora os Encontros Vítima-Ofensor sejam declaradamente voltados para o atendimento das necessidades das vítimas, na realidade, alguns podem estar voltados para as preocupações dos ofensores. Abaixo cito um excerto do *Listening Project*, que expressa esse sentimento:

> Com frequência, a justiça restaurativa não apenas reflete as necessidades do ofensor – reparar a situação, mudá-lo e reabilitá-lo –, mas de fato está voltada para tais

necessidades. A justiça restaurativa pode ser iniciada pelo ofensor e pode estar orientada por uma linha do tempo conveniente a ele. Entretanto, tais necessidades e práticas podem não ser compatíveis com as necessidades da vítima. Em locais onde os ofensores recebem ajuda para mudar suas vidas, mas as vítimas não recebem apoio para lidar com o trauma, elas se sentem traídas por essa orientação pró-ofensor.[42]

A crítica da comunidade de vítimas no sentido de que os processos muitas vezes são voltados para o ofensor e seguem os tempos do processo judicial é uma preocupação válida. A exceção são os crimes de violência grave, pois nesses casos a iniciativa sempre parte da vítima e em geral os encontros acontecem muito depois de findo o processo criminal.

> Os programas de EVO devem envolver-se continuamente e fazer parcerias com os grupos de defesa a vítimas.

Pelo fato de os processos tradicionais do sistema judiciário serem basicamente voltados para lidar com infratores, todas as iniciativas de EVO devem continuamente envolver-se com os grupos de defesa a vítimas e estabelecer parceria com elas. Esta precaução deve ser parte integral do planejamento e implementação do projeto.

Os EVO podem ajudar a cuidar das necessidades das vítimas cujos ofensores se dispõem a participar do encontro, mas o que fazer com as vítimas cujos ofensores não desejam encontrá-las? Como atender às necessidades da vítima quando um encontro se mostra inadequado ou quando o ofensor não pode ser localizado ou não deseja se encontrar com ela? É importante que os profissionais de justiça restaurativa se lembrem dessas limitações a fim de oferecer serviços alternativos para as vítimas nos casos em que os encontros vítima-ofensor sejam impróprios ou impraticáveis. Alguns programas têm atendido essas necessidades oferecendo a oportunidade de encontros entre vítimas e ofensores que não participaram do mesmo caso. Por exemplo, alguém que roubou uma casa pode concordar em se encontrar com a vítima de crime similar cujo ofensor não quer encontrá-la.

2. COMO PODEMOS (OU DEVERÍAMOS) ASSEGURAR A VOLUNTARIEDADE POR PARTE DO OFENSOR NO PROCESSO DE EVO?

Todos os programas de encontros vítima-ofensor salientam a importância de participação totalmente voluntária por parte das vítimas. No entanto, ainda se discute em que medida a participação do ofensor é ou deve ser voluntária. A maioria concorda que é contraproducente coibir um ofensor recalcitrante a participar do processo. Também é importante que as vítimas estejam cientes no caso de haver coação, já que dessa forma poderão fazer uma escolha informadas quanto à sua participação ou não. Os programas devem cuidar para que nenhuma vítima jamais seja coibida a participar e devem adotar medidas para maximizar a participação voluntária de ofensores.

Eric Gilman discute o empenho da vara de infância e juventude de Clark County, Washington, para reagir restaurativamente a vítimas e ofensores:

> Além das considerações éticas, do ponto de vista prático não vale a pena forçar alguém a participar de um diálogo ou mediação. Se os participantes não mostrarem algum

grau de compromisso com o processo de diálogo, é provável que seja uma experiência desagradável para todos os envolvidos, inclusive os facilitadores/mediadores – e uma atividade infrutífera também. Os participantes de tais encontros precisam enxergar o valor potencial do diálogo para si mesmos antes de mostrarem empenho significativo.

Os ofensores devem ver potenciais benefícios para si a fim de se disporem a participar dos encontros. Precisam compreender o valor de participar do diálogo. Conhecer as suas preocupações e as questões que são importantes para eles e conseguir ligar essas questões ao processo do diálogo é a chave para levá-los a uma situação em que se disponham a participar de um encontro presencial.[43]

3. OS PROGRAMAS TENDEM A ESTAR MUITO AMARRADOS COM AS VARAS CRIMINAIS OU COM AS VARAS DA INFÂNCIA E JUVENTUDE, COM A POLÍCIA OU COM A PROCURADORIA, QUE TÊM MUITO PODER SOBRE OS PROCESSOS.

Muitos dos casos que são encaminhados ao processo de EVO chegam através do sistema judicial – que pode deixar de encaminhar certos casos. Isso pode ser fonte de frustração quando, por exemplo, uma vítima ou infrator desejam passar pelo processo de EVO e o sistema lhes nega essa possibilidade. Em um caso com múltiplos transgressores, um pode ser encaminhado e o outro não, novamente causando frustração nos demais envolvidos. Além disso, o sistema judicial reflete os problemas estruturais da sociedade, portanto, racismo e preconceito de classe podem influenciar o processo de encaminhamento e/ou os resultados que o sistema aceita ou impõe.

> Racismo e preconceito social podem influenciar o processo de encaminhamento e/ou os resultados que o sistema aceita ou impõe.

Os programas de EVO precisam estar cientes desses problemas e trabalhar para resolvê-los. Por exemplo, o programa é responsável por capacitar os facilitadores para lidar com questões de opressão e fazer a mediação com o sistema para reduzir os efeitos dessas questões nos casos em andamento. Para tanto, é necessário ter no corpo diretivo do programa membros que representem os grupos sociais mais afetados por tais políticas.

É importante também que os programas ofereçam oportunidades para maior envolvimento da comunidade local. É vital que os membros daquele bairro/vila/grupo vejam a si mesmos como os primeiros interessados no processo, e não como meros recebedores passivos de algo que está sendo feito por eles.

4. AS ABORDAGENS ATUAIS DE JUSTIÇA RESTAURATIVA, COMO OS EVO, TENDEM A SER INDIVIDUALISTAS. COMO ESSES PROCESSOS PODERÃO LIDAR COM PROBLEMAS DE INIQUIDADE SOCIAL E COMUNITÁRIA?

No Capítulo 1, Russ Kelly nos contou sobre seus anos de formação e a perda dos pais quando tinha 15 anos de idade. Ele não conseguiu lidar com a dor e o trauma e, ao invés de encontrar saídas saudáveis para lidar com suas emoções, voltou-se para as drogas e o álcool.

Embora sua dor e perda não desculpem o comportamento que decidiu adotar, suas ações são bastante comuns em situações semelhantes vividas por outros indivíduos. Os programas de EVO foram criados para tratar das necessidades de vítimas e ofensores em consequência de um crime, mas muitos se perguntam como este processo poderia tratar de suas causas, em vez de apenas os sintomas do crime. Os profissionais e defensores da justiça restaurativa reconhecem que é preciso tratar das causas e estão criando abordagens preventivas nas comunidades onde atuam, com programas nas escolas e entre os jovens de grupos de risco.

5. OS MODELOS DE EVO E O CONCEITO DE JUSTIÇA RESTAURATIVA QUE OS FUNDAMENTA CONTÊM IMPORTANTE VIÉS CULTURAL.

Os processos descritos neste livro foram desenvolvidos basicamente dentro do contexto da estrutura ocidental eurocêntrica. Críticos apontam que os estilos de facilitação podem refletir este viés e que, portanto, podem não ser apropriados para pessoas de outras tradições. Alguns argumentam que os pressupostos básicos por trás dessas práticas, e também a teoria da justiça restaurativa, contêm esse viés inconsciente.

Um exemplo de modificações culturais realizadas em programas de EVO é o trabalho de Morris Jenkins com a justiça restaurativa afrocentrada. Jenkins argumenta que o arcabouço teórico afrocêntrico e eurocêntrico diferem em quatro aspectos básicos: cosmologia (visão de mundo); axiologia (valores), ontologia (natureza do ser humano) e epistemologia (fontes do conhecimento).[44] Ele apresenta um "modelo de justiça cultural" que os profissionais de justiça restaurativa podem utilizar nas comunidades de afro-americanos e os incentiva a incluir perspectivas alternativas a fim de aprimorar sua atuação.

Aqueles que trabalham com EVO precisam estar muito conscientes de seu próprio viés cultural. Também devem incluir e escutar atentamente à perspectiva daqueles que pertencem a outras tradições. Além disso, ao implementar os EVO em outras culturas e sociedades, o processo deve ser adaptado de tal forma a torná-lo apropriado ao contexto. Muitas culturas têm tradições de resolução de conflitos e crimes que podem ser incorporadas e aproveitadas. Nesses contextos, o modelo "individualizado" de EVO com facilitadores "neutros" pode ser inadequado.

Os críticos da justiça restaurativa como um todo por vezes acusam seus defensores de contar "histórias escolhidas", ou seja, colecionar os melhores casos para defender sua posição. Pode-se aprender muito com essas histórias escolhidas, e há muitas ao nosso alcance oferecidas pela prática dos EVO. Mas há também casos que não dão tão certo, e aqueles que defendem a prática dos EVO devem aprender também com essas histórias.

Conclusão
Superando o crime

Meu filho e eu estávamos no carro voltando para casa no início das suas férias da faculdade. Ele me contou sobre um incidente que acontecera durante o primeiro ano de faculdade, em que, conforme me disse, tinha feito bom uso dos conhecimentos sobre conflito adquiridos em casa. Dois de seus amigos estavam tendo dificuldades, não se davam bem, e ele achou que o que realmente precisavam era sentarem-se juntos e conversarem. Colocou os dois numa sala e disse que nenhum deles sairia dali até conversarem sobre o que estava acontecendo. Ele achou que deu certo.

Confesso que fiquei muito aflita ao ouvir essa história de como meu filho tinha tentado ajudar os amigos a processar a dor de seu relacionamento. Por sorte, me contive e lembrei que eu jamais usaria a abordagem dele, mas aparentemente funcionou naquele contexto. Quem define a justiça restaurativa e seus processos? Esta é uma questão crítica.

Embora neste livro eu tenha oferecido um modelo específico e um processo definido, o fiz ciente de que esta não é a única forma nem o único modo correto de promover o encontro entre vítima e ofensor. É o modelo que surgiu da minha visão de mundo e do meu contexto. Conforme vou aprendendo a valorizar e a conhecer a experiência que outros trazem à justiça restaurativa, minha compreensão sobre sua prática vai se ampliando cada vez mais. À medida que estas variadas experiências e visões de mundo se mesclam com a prática dos EVO, ela se torna cada vez mais eficaz para todos.

No final, fiquei feliz que o meu filho reconheceu aquilo que é central na prática dos EVO e da justiça restaurativa: o que importa são os relacionamentos entre os indivíduos e com a comunidade. Esse relacionamento é o que deve estar no centro de qualquer metodologia de resposta ao crime.

Acredito que os EVO nos oferecem esta oportunidade. Possibilita que falemos dos danos e das consequências de uma maneira que acaba por fortalecer o senso comunitário e permite que o grupo cuide de si e uns cuidem dos outros. Este livro falou do processo no contexto do crime, mas ele é claramente aplicável a todas as áreas da vida e a todo tipo de ofensa.

Leituras selecionadas

Amstutz, Lorraine Stutzman e Howard Zehr. *Victim Offender Conferencing in Pennsylvania's Juvenile Justice System.* Commonwealth of Pennsylvania, 1998. Disponível em: https://emu.edu/cjp/docs/rjmanual.pdf. Acesso em: 9 set. 2019.

Liebmann, Marian. *Restorative Justice: How it Works.* London and Philadelphia: Jessica Kingsley Publishers, 2007.

MacRae, Allan e Howard Zehr. *Conferências de Grupos Familiares.* São Paulo: Palas Athena, 2019.

Umbreit, Mark S. *The Handbook of Victim Offender Mediation: An Essential Guide to Practice and Research.* San Francisco: Jossey-Bass, 2001.

Zehr, Howard. *Justiça Restaurativa.* São Paulo: Palas Athena, 2017 (edição ampliada e atualizada).

Notas

1. Para uma visão geral da justiça restaurativa, ver Zehr, *Justiça Restaurativa*. São Paulo: Palas Athena, 2017 (edição ampliada e atualizada).

2. Laura Mirsky, "Restorative Justice Practices of Native American, First Nation, and Other Indigenous People of North America: Part One". International Institute for Restorative Practices, 2004, p. 5-6. Disponível em: www.iirp.edu/pdf/natjust1.pdf. Acesso em: 9 set. 2019.

3. A história completa pode ser vista no Restorative Justice Online. Disponível em: <http://restorativejustice.org/10fulltext/kelly.html. Acesso em: 9 set. 2019.

4. Mark Umbreit, et al., "National Survey of Victim-Offender Mediation Programs in the United States". U.S. Department of Justice, April 2000, p. 3. Disponível em: www.ncjrs.gov. Acesso em: 9 set. 2019.

5. Jim Shenk, "Mediator's Corner", em *Making Things Right*. Lancaster, PA: LAVORP, Abril 2002.

6. Para mais informações sobre Conferências de Grupos Familiares, ver MacRae e Zehr. *Conferências de Grupos Familiares: Modelo da Nova Zelândia*. São Paulo: Palas Athena, 2019.

7. Mark Umbreit, "Family Group Conferencing: Implications for Crime Victims". U.S. Department of Justice, April 2000, p. 3. Disponível em: www.ncjrs.gov. Acesso em: 9 set. 2019.

8. Lisa Merkel-Holguin, "Putting Families Back into the Child Protection Partnership: Family Group Decision Making". *American Humane*, s.d.

9. Kay Pranis, *Processos Circulares de construção de paz*. São Paulo: Palas Athena, 2018, p. 19.

10. Lorraine Stutzman Amstutz e Judy H. Mullett, *Disciplina Restaurativa para Escolas*. São Paulo: Palas Athena, 2005, p. 77.

11. Napoleon, "By Whom, and By What Processes, Is Restorative Justice Defined, and What Bias Might This Introduce?" em *Critical Issues in Restorative Justice*, Howard Zehr e Barb Toews, eds. Monsey. NY: Criminal Justice Press, 2004, p. 34.

12. Esta história foi escrita por Doris Luther, facilitadora de encontros vítima-ofensor em Maine, Estados Unidos.

13. Mark Umbreit, Betty Vos e Robert Coates, "Restorative Justice Dialogue: A MultiDimensional Evidence-Based Practice Theory". Center for Justice & Peacemaking; University of Minnesota, Minneapolis, 2006. Disponível em: http://rjp.umn.edu. Acesso em: 9 set. 2019.

14. Ibid.

15. Esta história foi disponibilizada pelo Shalom VORP de Northwest Ohio, Estados Unidos.

16. Umbreit, *The Handbook of Victim Offender Mediation*, p. 206-207.

17. Ibid., p. 209.

18. Esta história foi disponibilizada pelo Lancaster Area Victim-Offender Reconciliation Program. Foi publicada pela primeira vez na coluna "Mediator's Corner" no *LAVORP Newsletter*.

19. Amstutz e Zehr, *Victim Offender Conferencing in Pennsylvania's Juvenile Justice System*, p. 45-55. Disponível em: https://emu.edu/cjp/docs/rjmanual.pdf. Acesso em: 9 set. 2019.

20. Ver "Victim-Offender Mediation Association Recom-mended Ethical Guidelines." Disponível em: www.voma.org/docs/ethics.pdf. Acesso em: 9 set.2019.

21. Ibid., p. 1.

22. Shonna Robinson, vítima/sobrevivente, "The Beginning of a Healing Process", *Office of the Victim Advocate Newsletter* 4. October 2000.

23. Mark Umbreit, et al., "Executive Summary: Victim Offender Dialogue in Crimes of Severe Violence: A Multi-Site Study of Programs in Texas and Ohio". Center for Restorative Justice & Peacemaking; University of Minnesota, Minneapolis, 2002, p. 2. Disponível em: https://nicic.gov. Acesso em 9 set. 2019.

24. Ibid.

25. Ver "Your Rights, Your Voice, Your Participation", do Texas Department of Criminal Justice Victim Services Division. Disponível em: www.tdcj.texas.gov. Acesso em: 9 set. 2019.

26. Mais sobre o programa de Ohio em Mark Umbreit, et al., *Facing Violence: The Path of Restorative Justice and Dialogue*. Monsey, NY: Criminal Justice Press, 2003.

27. Autor sob sigilo, "Real People, Real Stories: A Transforming Journey", em Restorative Justice Online. March 2006. Disponível em: www.justiciarestaurativa.org/www.restorativejustice.org/editions/2006/march06/victimstory. Acesso em: 9 set. 2019.

28. Zehr, *Justiça Restaurativa*. São Paulo: Palas Athena, 2017 (edição ampliada e atualizada), p. 35.

29. Ibid., p. 38-40.

30. Ibid., p. 54.

31. Napoleon, "By Whom, and By What Processes, Is Restorative Justice Defined, and What Bias Might this Introduce?" em *Critical Issues in Restorative Justice*, op. cit., p. 35.

32. Ibid.

33. Gilman, "Engaging Victims in a Restorative Process". September, 2006. Disponível em: www.voma.org/docs/Engaging_Victims_in_a_Restorative_Process.pdf. Acesso em: 9 set. 2019.

34. Sullivan e Tifft, "What Are the Implications of Restorative Justice for Society and Our Lives?" em *Critical Issues in Restorative Justice*, p. 388.

35. Esta discussão sobre riscos e benefícios foi adaptada de Amstutz e Zehr, *Victim Offender Conferencing in Pennsylvania's Juvenile Justice System*, p. 26-29.

36. Mark Umbreit, Robert Coates e Betty Vos, "Impact of Restorative Justice Conferencing with Juvenile Offenders: What We Have Learned from Two Decades of Victim Offender Dialogue Through Mediation and Conferencing". Center for Restorative Justice & Peacemaking; University of Minnesota, Minneapolis, 2000.

37. Ibid.

38. Lawrence Sherman e Heather Strang, "Restorative Justice: The Evidence". London: Smith Institute, 2007, p. 68. Disponível em: www.smith-institute.org.uk/book/restorative-justice-the-evidence/. Acesso em: 9 set. 2019.

39. Ibid., p. 88.

40. Mark Umbreit, Robert Coates e Betty Vos, "Victim-Offender Mediation" em *Handbook of Restorative Justice*, Dennis Sullivan and Larry Tifft, eds. New York: Routledge, 2006.

41. Harry Mika, et al., "Taking Victims and Their Advocates Seriously: A Listening Project". Akron, PA: Mennonite Central Committee, 2002, p. 5.

42. Ibid., p. 5.

43. Gilman, "Engaging Offenders in Restorative Dialogue Pro-cesses". Clark County, Washington: Juvenile Court, September 2006. Disponível em: www.voma.org/docs/Engaging_Offenders_in_Restorative_Dialogue.pdf. Acesso em: 9 set. 2019.

44. Jenkins, "Afrocentric Restorative Justice". *VOMA Connections*, Summer 2005, p. 1. VOMA Newsletters. Disponível em: www.voma.org/docs/connect20.pdf. Acesso em: 9 set. 2019.

SOBRE A AUTORA

Lorraine Stutzman Amstutz é codiretora do Mennonite Central Committee's Office on Justice and Peacebuilding. Oferece consultoria e treinamento para agências e comunidades que desejam implementar programas de justiça restaurativa.

Escreveu numerosos artigos e é coautora do livro *Disciplina Restaurativa para a Escola* (com Judy H. Mullet) e de *Victim Offender Conferencing in Pennsylvania's Juvenile Justice System* (com Howard Zehr).

Atuou no Conselho da associação internacional Victim-Ofender Mediation Association (VOMA) e também no Programa Vítima-Ofensor de Lancaster County, Pensilvânia.

Em 2007 foi agraciada com o prêmio Lancaster Mediation Center Peacemaker.

Graduou-se em Assistência Social pela Eastern Mennonite University de Harrisonburg, Virgínia, onde recebeu o prêmio Distinguished Service em 2002.

É Mestra em Serviço Social pela Marywood University de Scranton, Pensilvânia.

Texto composto em Versailles LT Std.
Impresso em papel Pólen Soft 80g na Assahi Gráfica.